Préface

AF711083

En Palestine au temps de Jésus, c'est à pied qu'on allait d'un village ou d'une ville à l'autre, en petits groupes et parfois plusieurs familles ensemble. Pendant que les petits jouaient entre eux, les jeunes et les adultes parlaient et discutaient de choses et d'autres : des premières moissons, quand la route traversait les champs de blé, ou des agneaux nouveau-nés, quand des bergers passaient avec leurs troupeaux. Souvent, on se posait des questions devant les malheurs qui arrivaient, et qui faisaient penser aux histoires passées qu'on se mettait à se raconter. On finissait souvent par se dire : quand notre Dieu va-t-il nous envoyer son Messie pour nous délivrer de nos misères, nous libérer de tout ce qui nous empêche d'être heureux ?

Un jour — personne ne s'attendait à cela —, Dieu est venu marcher sur les routes de Palestine. Jésus, le Fils du Père, est venu écouter la misère des pauvres, des malades et des malheureux. Pris de compassion, il s'est arrêté pour les secourir, les guérir et les consoler, comme un berger qui prend soin de son troupeau. Sa Parole a retenti pour semer dans les cœurs une grande espérance et une grande joie à moissonner, au jour de son Ascension sur le mont des Oliviers.

Aujourd'hui, vous vous engagez sur les routes de l'Évangile et de l'Ancien Testament pour rencontrer Jésus, le Fils du Père. Il est avec vous. Il vous écoute : parlez-lui dans votre prière. Il vous parle dans chaque histoire biblique : écoutez-le pour mieux le connaître. Il est le Chemin qui nous conduit jusqu'à la maison de son Père.

† Jacques Berthelet, c.s.v.
Évêque de Saint-Jean-Longueuil

Pays de Jésus

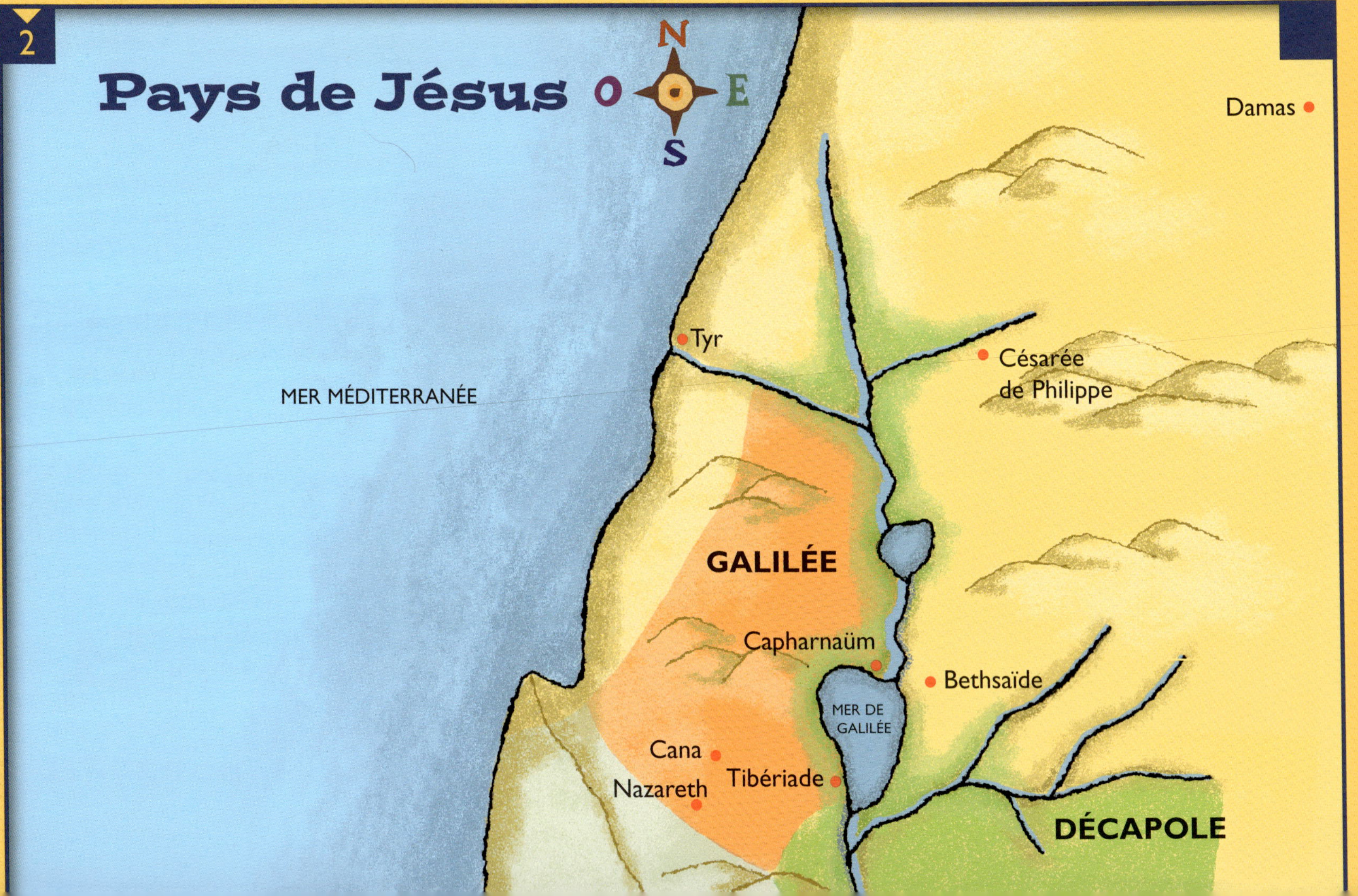

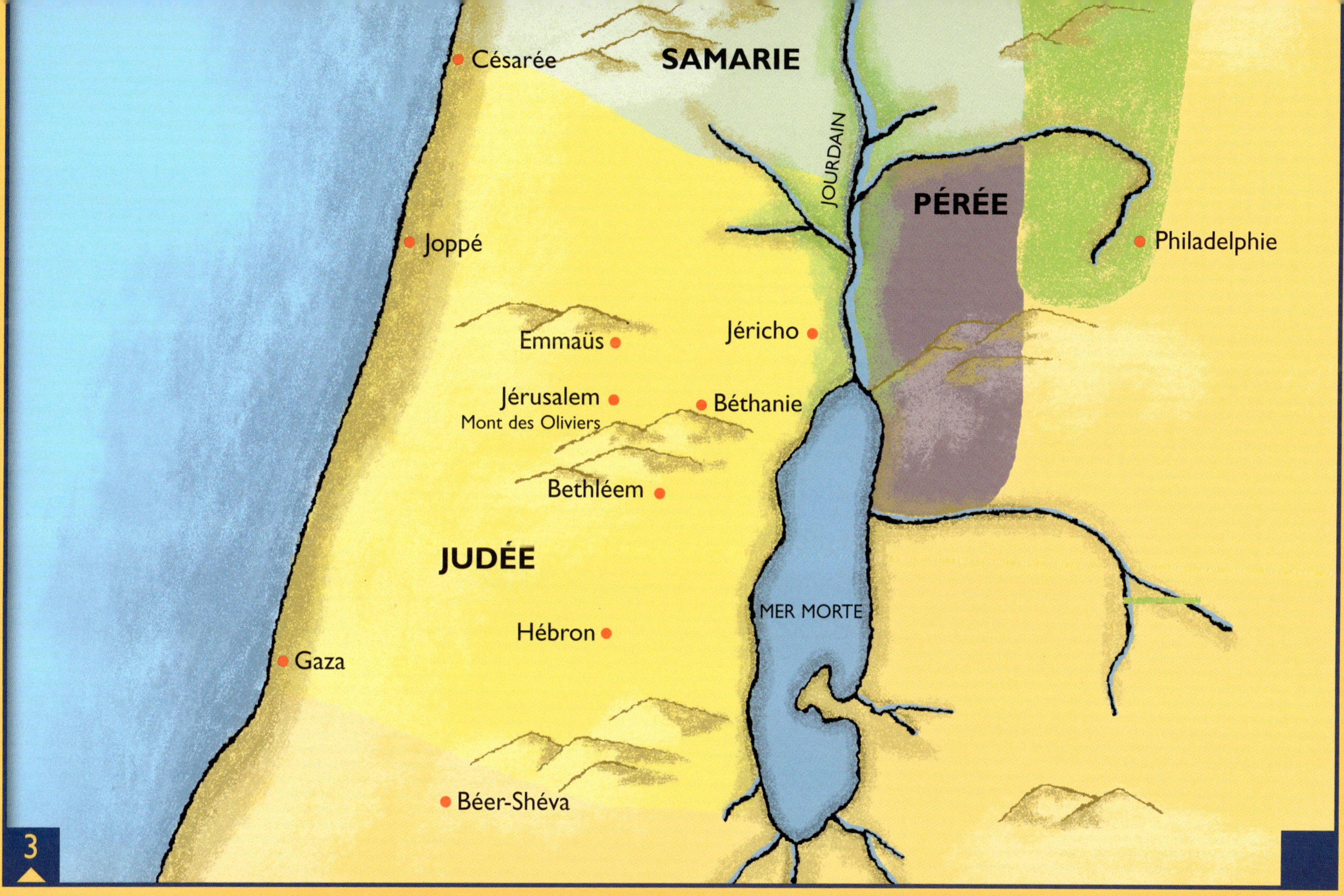
SAMARIE
Césarée
JOURDAIN
PÉRÉE
Philadelphie
Joppé
Emmaüs
Jéricho
Jérusalem
Mont des Oliviers
Béthanie
Bethléem
JUDÉE
MER MORTE
Hébron
Gaza
Béer-Shéva

Rencontre avec tes compagnons de voyage

Vous entreprenez un merveilleux voyage qui vous mènera jusqu'au mont des Oliviers. Vous emprunterez les routes du pays de Jésus et d'autres pays de la Bible. Vous rencontrerez une foule de gens intéressants. Mais, surtout, vous apprendrez à mieux connaître Jésus, à l'écouter et à lui parler.

Bonne route jusqu'au mont des Oliviers !

Ma signature-graffiti : CARLOS-ANDRÉ GAUTHIER VELAZQUEZ

Mes compagnons et mes compagnes de voyage : Gabriel, Marie-Hélène, Cutyo

Mon animateur ou mon animatrice : Chatale, Stéphanie

Actuellement, Jésus, pour moi, est :

- ☐ un ami, un frère
- ☐ un croyant
- ☐ un membre de l'équipe de catéchèse
- ☑ le Fils de Dieu
- ☐ Je ne sais pas, mais j'aimerais bien le découvrir

Permis de graffiter

Justin
Antoine
Karen
Gabrielle
Félix

ÉTAPE 1 La lèpre qui guette le cœur

Vous entreprenez la première étape du voyage qui vous mènera au mont des Oliviers. Vous marcherez avec Jésus, le Fils de Dieu, qui vient vous rencontrer au nom de son Père. Ses disciples seront aussi vos compagnons de route. Vous ferez la connaissance de personnes curieuses qui, comme vous, veulent en savoir plus sur Jésus. Vous en croiserez d'autres qui seront méfiantes, hostiles même, à l'égard de Jésus. Vous serez témoins de ce que Jésus fera pour les malades, les personnes handicapées ou autres exclus, et comment il leur redonnera confiance dans la vie.

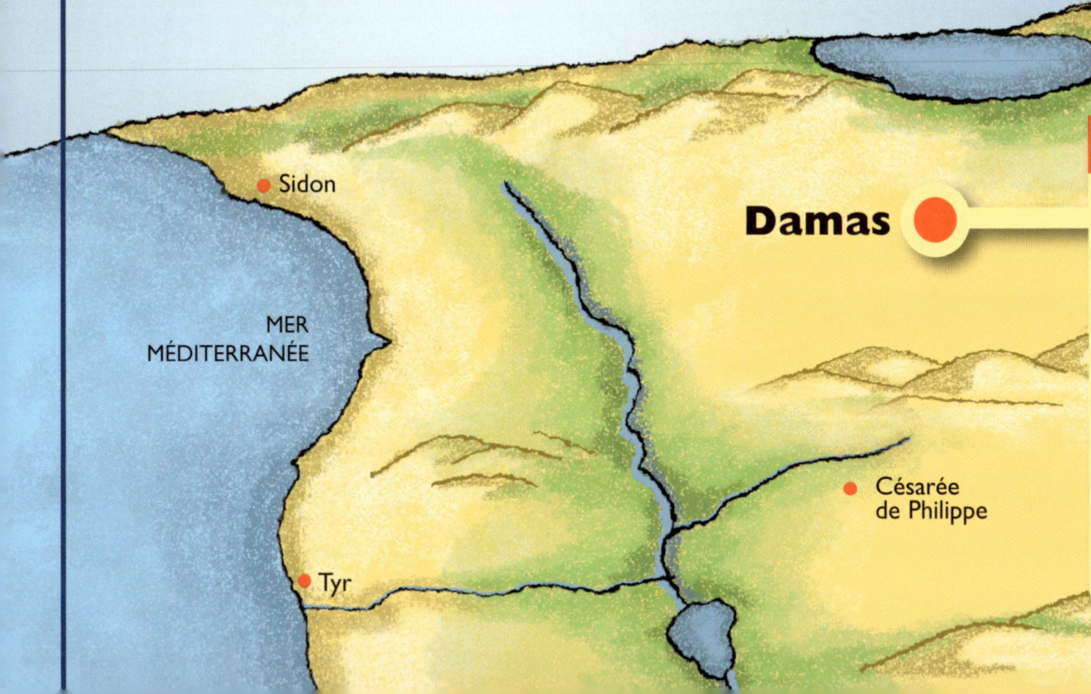

RENCONTRE 1

Nous empruntons la route de Naamân, qui partit de Damas, la capitale de la Syrie.

Page 8

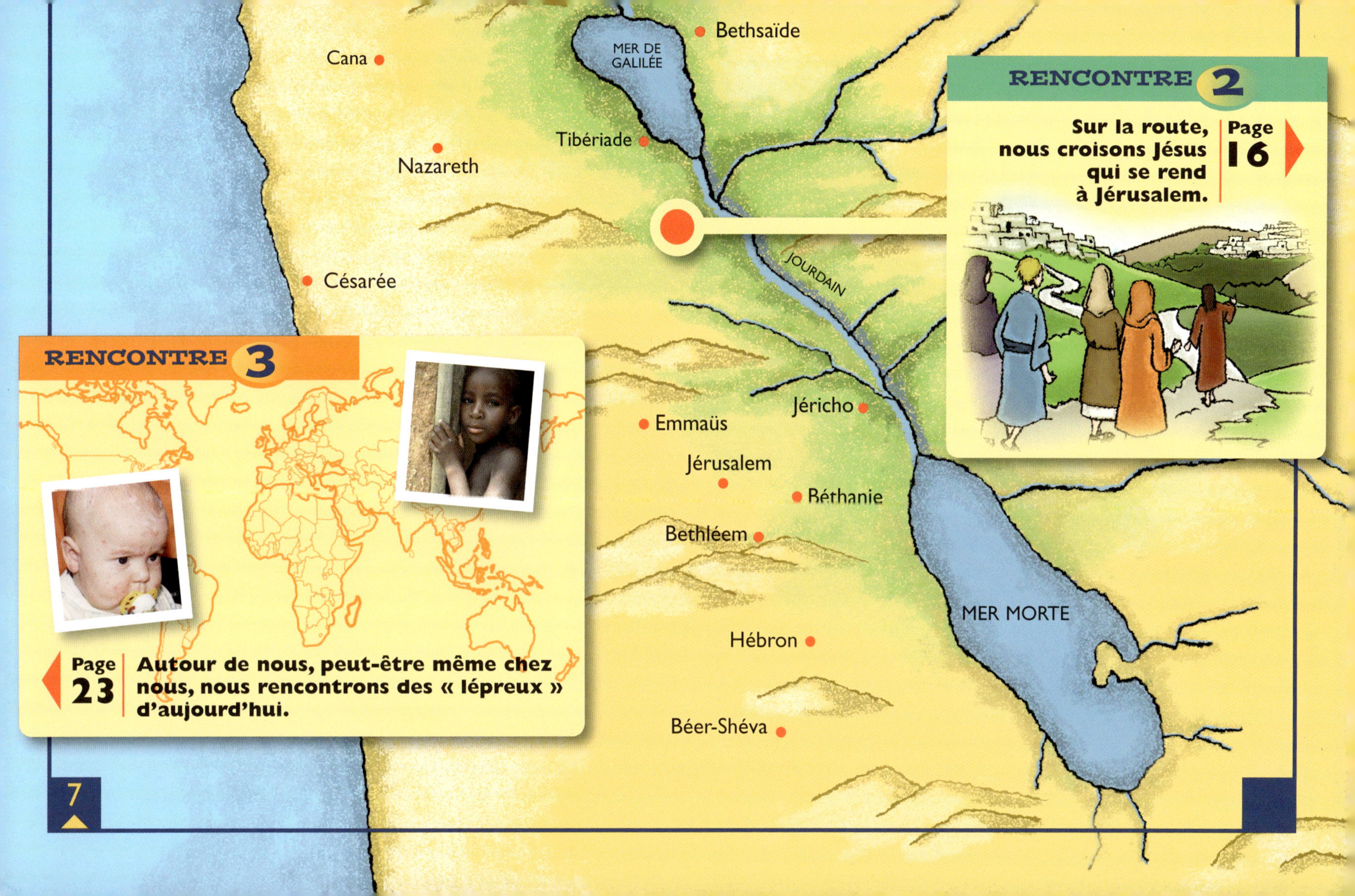

RENCONTRE 2

Sur la route, nous croisons Jésus qui se rend à Jérusalem.

Page 16

RENCONTRE 3

Page 23

Autour de nous, peut-être même chez nous, nous rencontrons des « lépreux » d'aujourd'hui.

RENCONTRE 1 Dieu donne généreusement la vie

Dieu donne gratuitement et généreusement la vie. Il invite ceux et celles qui croient en lui à agir gratuitement et généreusement, eux aussi.

Un grand prodige: la guérison de Naamân

L'histoire de Naamân commence à Damas, en Syrie. Naamân était le général en chef de l'armée du roi de ce pays. C'était un personnage important du royaume.

Les Syriens adoraient plusieurs dieux. Le plus grand d'entre eux s'appelait Rimmôn.

Si tu désires mieux connaître Damas et le plus important des dieux de la Syrie, consulte ton guide de voyage. Page 24

Feuillet biblique 2 R 5, 1-27

Naamân avait la lèpre, une grave maladie de la peau, qui le rendait bien malheureux.

1 Sa femme avait, parmi ses servantes, une petite fille juive. Un jour, celle-ci dit à sa maîtresse : « Pourquoi mon maître ne va-t-il pas voir le prophète de Samarie pour se débarrasser de sa lèpre ? »

2 La femme de Naamân parla à son mari du prophète, qui s'appelait Élisée.

3 Le général demanda conseil au roi qui lui répondit : « Va trouver le roi d'Israël avec la lettre que je te remettrai pour lui. »

Pour comprendre un peu mieux ce qu'est la lèpre, consulte ton guide de voyage. Page **25**

RENCONTRE 1 Dieu donne généreusement la vie

Naamân se rendit à la cour du roi d'Israël et lui remit la lettre du roi de Syrie.

En lisant la lettre, le roi d'Israël tout découragé, s'écria : « Suis-je un dieu pour donner la mort et la vie, pour délivrer quelqu'un de sa lèpre ? »

Le prophète Élisée entendit parler de la colère du roi. Il lui fit dire par un messager, appelé Guéhazi : « Que Naamân vienne me voir et il saura qu'il y a un prophète en Israël. »

Pour découvrir qui est le prophète Élisée, consulte ton guide de voyage. **Page 26**

Naamân se rendit chez le prophète Élisée. Celui-ci lui fit dire par son serviteur Guéhazi : « Va te baigner sept fois dans le Jourdain et tu seras guéri sur tout le corps. »

Le grand général fut très fâché que le prophète Élisée ne vienne pas lui-même à sa rencontre. Il décida de repartir chez lui sur le champ.

En route, deux de ses serviteurs lui parlèrent.

RENCONTRE 1 Dieu donne généreusement la vie

Naamân revint sur ses pas, décidé à suivre les conseils d'Élisée.

Il se plongea dans le Jourdain à sept reprises.

Ses serviteurs et les gens de sa suite l'observaient, sur les bords du fleuve. Quand Naamân ressortit la septième fois de l'eau, tous lancèrent des bravo et des hourra !

Naamân était guéri. La lèpre avait disparu de son corps.

Naamân vint retrouver Élisée. Cette fois, celui-ci sortit de sa maison. Le général lui dit : « Maintenant, je suis sûr qu'il n'y a pas d'autre Dieu que le Dieu d'Israël. Accepte un cadeau de ma part. Je t'en prie, il le faut. »

Le prophète Élisée refusa les cadeaux de Naamân : « C'est Dieu qui donne la vie et la santé, dit-il. Moi, je ne suis que son serviteur. »

« Quoi ! Il refuse le cadeau de Naamân ! », se disait Guéhazi, le serviteur.

Naamân continua : « Si tu n'acceptes pas mes cadeaux, dit-il à Élisée, laisse-moi emporter un peu de terre pour me prosterner devant le Dieu d'Israël. Je ne veux plus offrir de prières ou de sacrifices de louange à d'autres dieux que lui. »

RENCONTRE 1 Dieu donne généreusement la vie

Guéhazi rejoignit Naamân sur la route. Il lui dit : « Deux prophètes dans le besoin viennent d'arriver chez mon maître. Il se demande si, par un effet de ta bonté, tu accepterais de lui donner un peu de ton argent et de tes vêtements… »

Naamân était trop heureux de rendre ce service à Élisée. « Prends tout ce qu'il te faut », lui répondit-il.

Guéhazi avait évidemment inventé cette histoire de prophètes de passage. Il voulait garder ce trésor pour lui et lui seul. Comme il ne voulait pas que le prophète Élisée le voie, il le cacha dans une tour, sur une colline.

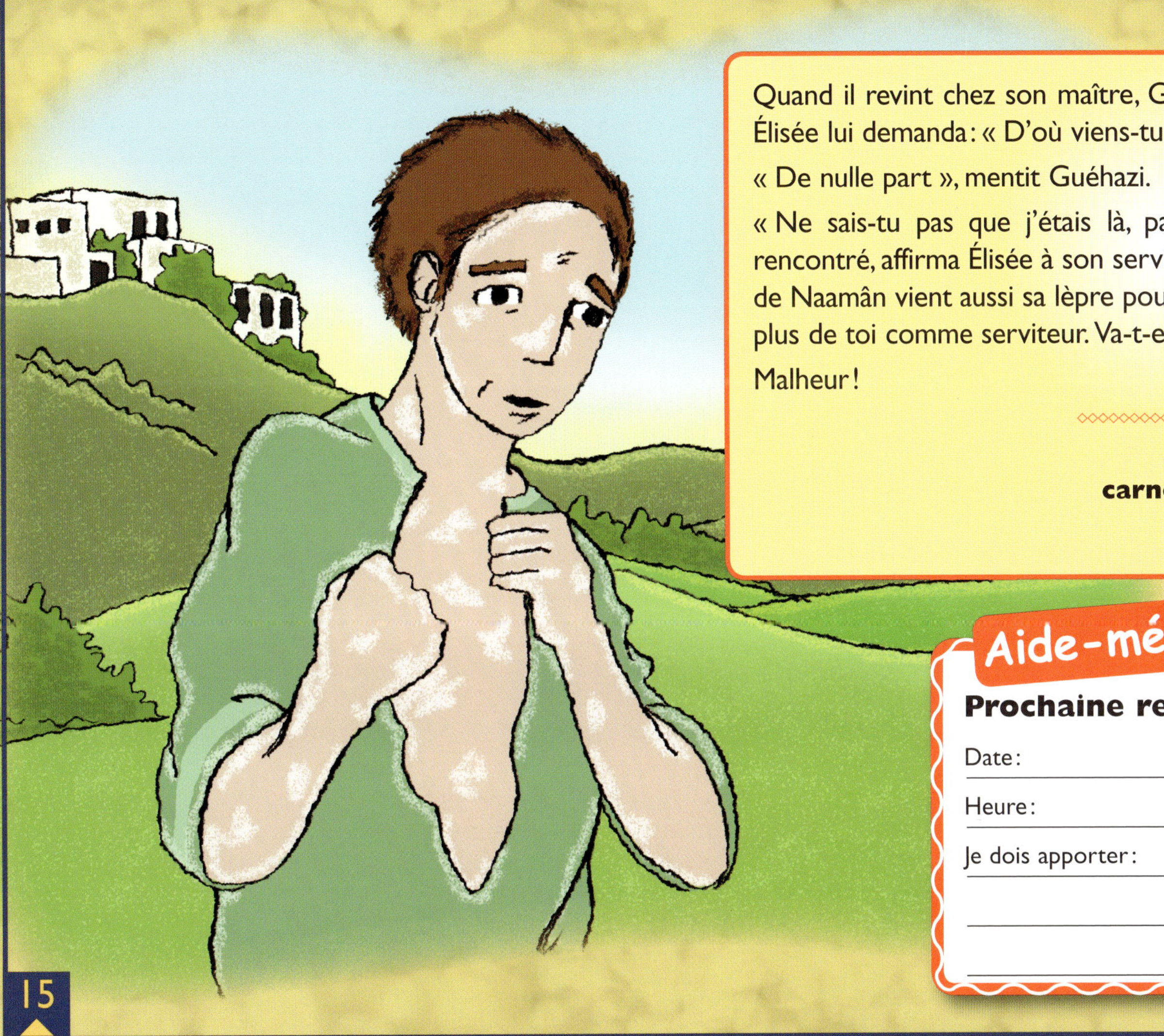

Quand il revint chez son maître, Guéhazi le trouva devant sa maison. Élisée lui demanda : « D'où viens-tu ? »

« De nulle part », mentit Guéhazi.

« Ne sais-tu pas que j'étais là, par mon esprit, quand Naamân t'a rencontré, affirma Élisée à son serviteur. Tu apprendras qu'avec l'argent de Naamân vient aussi sa lèpre pour toi et tes descendants. Je ne veux plus de toi comme serviteur. Va-t-en ! »

Malheur !

Consulte ton carnet de voyage. Page **29**

Aide-mémoire

Prochaine rencontre

Date : __________

Heure : __________

Je dois apporter : __________

RENCONTRE 2 Un cœur ouvert et plein de reconnaissance

Jésus, à son tour, guérit un lépreux. Il manifeste par ce geste qu'il est le Messie, l'envoyé de Dieu. Il faut un cœur bien ouvert et capable de reconnaissance pour s'en rendre compte.

Pour découvrir ce que lit le crieur public, consulte ton guide de voyage. Page 28

Pauvre Guetsaran ! Il est bien malheureux. Il doit partir de son village et quitter sa famille et ses amis.

Pendant que Guetsaran implore Dieu, les habitants du village écoutent, à la synagogue, un passage du livre du prophète Isaïe.

« Le Seigneur dit : annoncez à ceux qui ont le cœur brisé : Prenez courage, ne craignez point ; voici votre Dieu, [...] Dieu viendra lui-même, et vous sauvera. Alors s'ouvriront les yeux des aveugles, s'ouvriront les oreilles des sourds ; alors le boiteux sautera comme un cerf, et la langue du muet éclatera de joie. »
(Isaïe 35, 4-6)

RENCONTRE 2 Un cœur ouvert et plein de reconnaissance

Jésus et les dix lépreux

Jésus faisait route vers Jérusalem. Il savait déjà que c'était dans cette ville qu'il allait bientôt mourir, et il l'acceptait.

Feuillet biblique **Lc 17, 11-19**

Jésus allait entrer dans un village quand un groupe de dix hommes affectés par la lèpre s'approchèrent de lui. Ils s'arrêtèrent à une certaine distance et implorèrent Jésus de les prendre en pitié.

RENCONTRE 2 Un cœur ouvert et plein de reconnaissance

Ils firent confiance au Maître et partirent. Ils n'avaient pas fait cent pas que, partout sur leur corps, les vilaines taches et les plaies avaient disparu. Ils étaient tous purifiés. Enfin, ils pourraient vivre comme tout le monde ! Alors, l'un d'entre eux prit conscience de la chose extraordinaire qui lui arrivait : Jésus l'avait guéri. Il se dit : « Quelle chose merveilleuse est en train d'arriver à cause de Jésus ! Oui, Jésus est infiniment plus qu'un guérisseur. Il vient de la part de Dieu pour nous annoncer que nous sommes sauvés. »

Il se jeta au pied de Jésus pour lui exprimer sa grande reconnaissance. C'était un Samaritain. Jésus prit la parole et dit: « Ce sont bien dix personnes qui ont été libérées de leur situation misérable ? Où sont passées les neuf autres ? Seul cet étranger est revenu pour rendre grâce à Dieu ? »

Consulte ton guide de voyage. Tu découvriras qui étaient les Samaritains. **Page 27**

Tu trouveras une prière dans ton carnet de voyage. **Page 30**

Aide-mémoire

Prochaine rencontre

Date: 7 decembre

Heure: 18:00

Je dois apporter: Voir avec parents
Feuillet famille 2 l'étape

RENCONTRE 3 Un cœur pour agir

Rites chrétiens

Le sacrement de l'onction des malades rappelle la façon dont Jésus a agi à l'égard des dix lépreux qui sont venus le supplier de les purifier de leur maladie.

L'onction des malades

L'onction des malades est souvent vécue individuellement, à la maison ou à l'hôpital. Il arrive aussi que des personnes malades se réunissent à l'église avec leur famille et leurs amis pour recevoir l'onction des malades.

Le prêtre s'adresse à la personne malade en lui disant: « Au nom de Notre Seigneur Jésus Christ, je vais vous imposer les mains et vous faire l'onction d'huile. »

Le prêtre place d'abord ses mains au-dessus de la personne malade (1), comme Jésus faisait quand on lui amenait des malades. Il fait ensuite une onction avec l'huile sainte sur le front de la personne (2) et une autre à l'intérieur de chacune de ses mains (3) en disant: « Par cette onction sainte, que le Seigneur Jésus Christ, en sa grande bonté, vous réconforte par la grâce de l'Esprit saint. Ainsi, vous ayant libéré de tous péchés, qu'il vous sauve et vous relève. Désormais, la force de Dieu agit dans votre faiblesse. Remercions le Seigneur. »

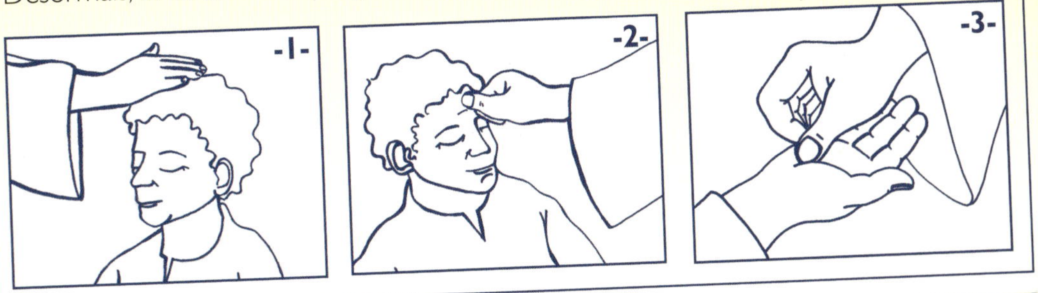

Les « lépreux » d'aujourd'hui

Plusieurs personnes vivent dans des conditions difficiles à cause de la maladie. Elles sont souvent mises à part, un peu comme les dix lépreux que Jésus a rencontrés.

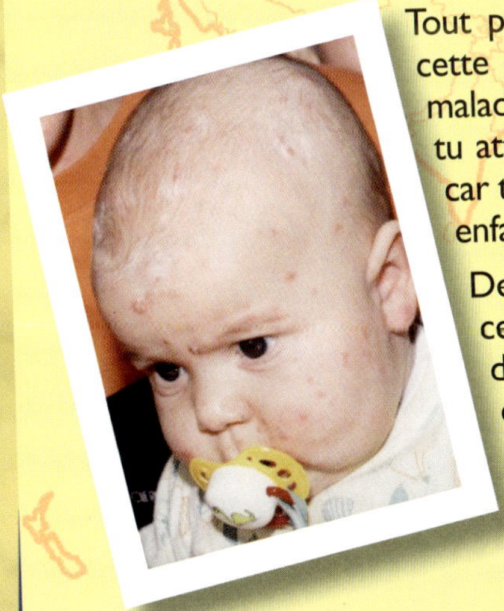

Tout près de toi, des enfants – peut-être as-tu vécu cette expérience – doivent être isolés à cause d'une maladie contagieuse. C'est le cas, par exemple, quand tu attrapes la varicelle. Tu ne peux pas aller à l'école, car tu risquerais de transmettre la maladie aux autres enfants.

Des hommes, des femmes et des enfants vivent cependant des situations beaucoup plus graves que d'avoir la varicelle. Pensons à ceux et celles qui ont des maladies très graves comme le sida, qui sont mis à l'écart, qui sont rejetés et vivent dans des conditions très difficiles.

Aide-mémoire

Prochaine rencontre

Date : 4 Decembre

Heure : 18:00

Je dois apporter : La signification du mot "Amen"

Action choisie :

Consulte ton carnet de voyage.

Page 31

La ville de Damas

« Au 8e siècle avant Jésus Christ, la ville de Damas était la capitale du royaume araméen (syrien). Les Araméens étaient des voisins d'Israël, tantôt amis, tantôt ennemis. Lors des guerres, des hommes, des femmes et même des enfants étaient souvent emmenés comme esclaves par le vainqueur. C'est ainsi qu'une petite fille d'Israël est devenue la servante de la femme d'un géréral de l'armée araméenne, Naamân[1]. »

Le dieu Rimmôn

Rimmôn était le dieu principal des Syriens. Il avait un grand pouvoir sur la pluie et sur la lumière qui font grandir la vie. Il était aussi le dieu du vent et de la tempête. On le craignait, car lorsqu'il se fâchait, il provoquait des désastres.

La ville de Damas existe toujours, située au bord du désert. Elle est aujourd'hui la capitale de la Syrie.

Souvenir de ton parcours
Mène-nous vers Jérusalem

C'est sur le chemin qui le conduisait à Damas pour persécuter les chrétiens que Paul fut terrassé. Il changea sa vie et devint un grand ami de Jésus. Il voyagea un peu partout pour le faire connaître.

1. Albert Hari, Charles Singer, *Les premiers prophètes*, Strasbourg, Éditions du Signe, 1999, coll. « Bible Junior », p. 17.

Les lépreux, des exclus

« Au temps de Jésus, beaucoup de maladies de la peau étaient appelées “lèpre”. La vie des lépreux était terrible. Ils n’étaient pas seulement atteints dans leur corps, mais ils étaient aussi exclus de la société. On les considérait comme contagieux, dangereux, impurs. On se demandait si leur maladie n’était pas une punition de Dieu. Les lépreux vivaient à l’écart, hors des localités. On n’avait pas le droit de les toucher.

Parfois des maladies, appelées “lèpres”, étaient guéries. Pour en être sûr, il fallait se présenter aux prêtres qui examinaient le malade. Si le prêtre constatait la guérison, il déclarait le malade guéri. Il n’était plus impur et pouvait retrouver sa place dans la société. Jésus a rencontré des lépreux, a fait constater leur guérison et mit fin à leur exclusion[2]. »

Souvenir de ton parcours
Mène-nous vers Jérusalem

Bartimée, l’aveugle mendiant que Jésus a guéri, était lui aussi un exclu, considéré comme impur.

2. Albert Hari, Charles Singer, *Jésus et les exclus*, Strasbourg, Éditions du Signe, 1998, coll. « Bible Junior », p. 15.

GUIDE DE VOYAGE

Élisée

Élisée fut choisi pour remplacer le prophète Élie, dont il était le disciple. Élisée, dont le nom signifie « Dieu sauve », n'était pas un solitaire ; il aimait être entouré. Il vivait avec d'autres frères prophètes et partageait leur travail et leurs repas. Il priait aussi avec eux.

Élisée était ouvert aux autres. Il a laissé le souvenir de quelqu'un qui aimait faire le bien. Longtemps après sa mort, on racontait encore comment il avait purifié de l'eau (2 Rois 2, 21-22), multiplié l'huile d'une veuve (2 R 4, 1-7), retrouvé une hache perdue (2 R 4, 38-41) et, surtout, guéri Naamân, le général de l'armée syrienne[3].

Souvenir de ton parcours
Mène-nous vers Jérusalem

Tu as déjà entendu parler de Samuel, le prophète que Dieu a envoyé à Bethléem avec la mission de choisir un nouveau roi. Samuel a alors versé de l'huile sur la tête de David qui était berger.

3. Ce texte s'inspire de celui de Charles Singer, *Jésus et les exclus*, Strasbourg, Éditions du Signe, 1999, coll. « Les premiers prophètes », p. 15.

La Samarie et les Samaritains

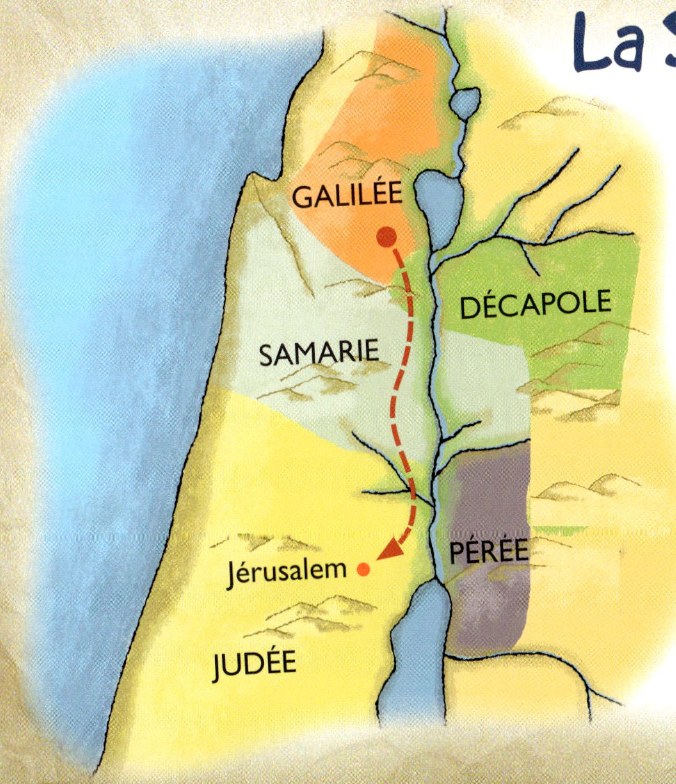

Jésus et ses disciples partent de la Galilée pour se rendre à Jérusalem. Pour ce faire, ils doivent traverser la Samarie, la partie centrale du pays de Jésus. C'est la route la plus courte, mais aussi la plus difficile.

Les Juifs et les Samaritains ne s'aiment pas ; ils se battent même parfois. Cette mésentente remonte aux temps anciens. Les Juifs reprochent aux Samaritains d'être des gens au sang mêlé, descendants de Juifs, mais aussi d'étrangers. Leurs querelles concernent même Dieu. Ils adorent le même, mais dans des lieux différents : le Temple de Jérusalem pour les Juifs, le mont Garizim pour les Samaritains. Aux yeux des Juifs, les Samaritains sont des exclus.

Le Samaritain du récit évangélique est doublement exclu : il est étranger et lépreux. Il est pourtant le seul du groupe des dix lépreux à remercier Jésus de l'avoir guéri.

Un décret d'expulsion

Voici à quoi pouvait ressembler un décret d'expulsion d'un lépreux :

Nous, l'autorité, déclarons Guetsaran lépreux et par conséquent impur et pécheur. Il ne pourra plus vivre parmi nous, comme la loi de Moïse le commande. Il devra avoir quitté sa famille avant la fin du jour. Il n'a plus le droit d'entrer dans une synagogue ni dans le Temple de Jérusalem.

Tant qu'il sera lépreux, il devra rester en dehors du village, se tenir loin des passants sur les routes et crier pour avertir de sa présence.

Ni sa famille, ni ses amis, ni ses voisins ne pourront s'approcher de lui à moins d'un jet de pierre.

Une prière de remerciement

Seigneur, quand Naamân est retourné dans son pays, c'est toi seul qu'il a adoré en te rendant grâce. Nous aussi te disons merci pour le don de la vie que tu nous fais chaque jour.

Que nos lèvres et nos mains,
notre esprit et notre cœur,
te rendent gloire, Seigneur.
Merci pour Jésus, ton Fils,
qui nous promet une vie nouvelle
que ni la maladie ni la mort
ne pourront détruire.

Merci pour ton Fils, Jésus,
qui nous a appris à te prier.
Avec lui, nous voulons te dire :
Notre Père…

Consulte ton recueil de prières. Page 136

Une prière pour rendre grâce à Dieu

Le Seigneur soit avec vous.

Et avec votre esprit.

Élevons notre cœur.

Nous le tournons vers le Seigneur.

Seigneur Jésus, nous te rendons grâce parce que tu es venu accomplir ce que Dieu ton Père avait promis de faire pour nous sauver.

Pour nous annoncer cette bonne nouvelle, tu as ouvert les yeux des aveugles.

Toi, notre Messie, nous te rendons grâce.

Tu as ouvert les oreilles des sourds.

Toi, notre Messie, nous te rendons grâce.

Tu as fait parler les muets.

Toi, notre Messie, nous te rendons grâce.

Tu as fait danser les boiteux.

Toi, notre Messie, nous te rendons grâce.

Tu as guéri les lépreux.

Toi, notre Messie, nous te rendons grâce.

Un jour, tu vas tous nous ressusciter pour une vie nouvelle.

Toi, notre Messie, nous te rendons grâce.

Prière de louange

Que tout le monde sur la terre
chante pour le Seigneur un chant nouveau.
Nous te disons merci, tu es notre Dieu.
Nous te disons merci, tu es notre Sauveur.
Que tous les peuples aient la chance de te connaître.
Tu es grand, Seigneur, tu as créé le ciel et la terre.
Nous te disons merci, tu es notre Dieu.
Nous te disons merci, tu es notre Sauveur.

Tu nous as envoyé Jésus semer l'amour dans les cœurs,
pour que nous vivions heureux dans la justice et la paix.
Nous te disons merci, tu es notre Dieu.
Nous te disons merci, tu es notre Sauveur.
Apprends-nous à partager nos richesses
avec ceux qui sont malades et abandonnés.
Nous te disons merci, tu es notre Dieu.
Nous te disons merci, tu es notre Sauveur.
Remplis un jour ta promesse d'un monde nouveau
sans larmes, ni souffrance, ni mort.
Nous te disons merci, tu es notre Dieu.
Nous te disons merci, tu es notre Sauveur.

ÉTAPE 2 Partager la joie du berger

Au cours de cette étape, vous vous rendrez compte que Dieu a un cœur sans limites. Comme un bon berger, il s'inquiète pour ses brebis, surtout pour celles qui s'éloignent de son troupeau. Vous revivrez aussi la belle histoire de Noël et y découvrirez la Bonne Nouvelle qu'elle renferme.

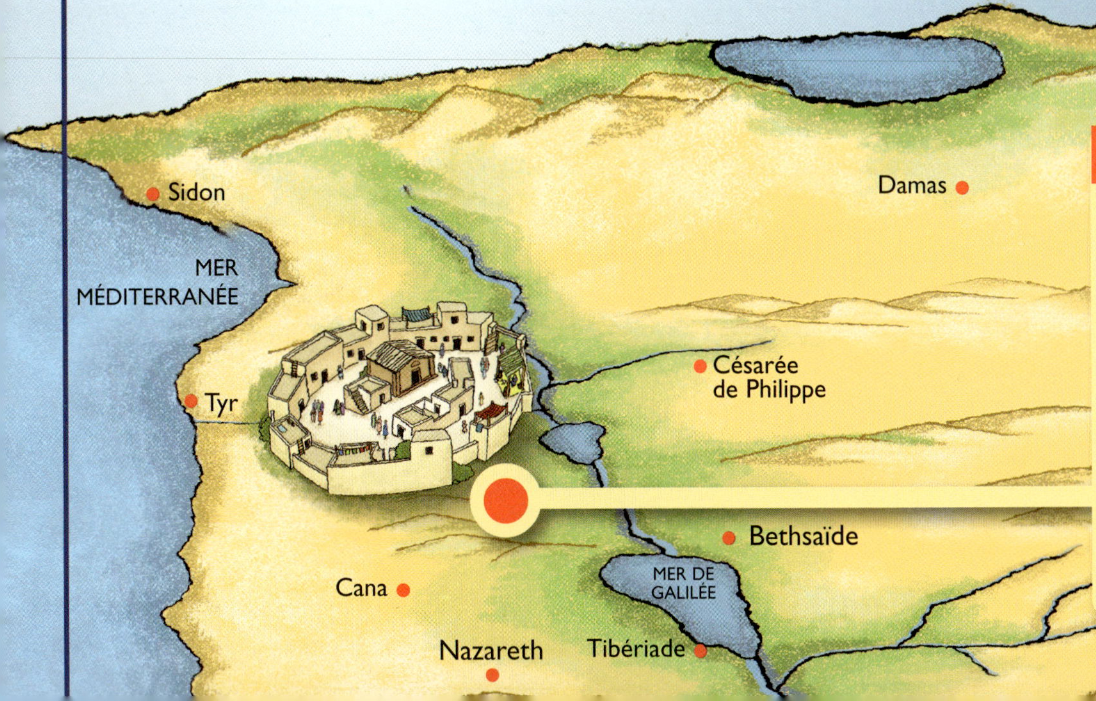

RENCONTRE 1

Nous faisons un arrêt dans un village de Galilée.

Page 41

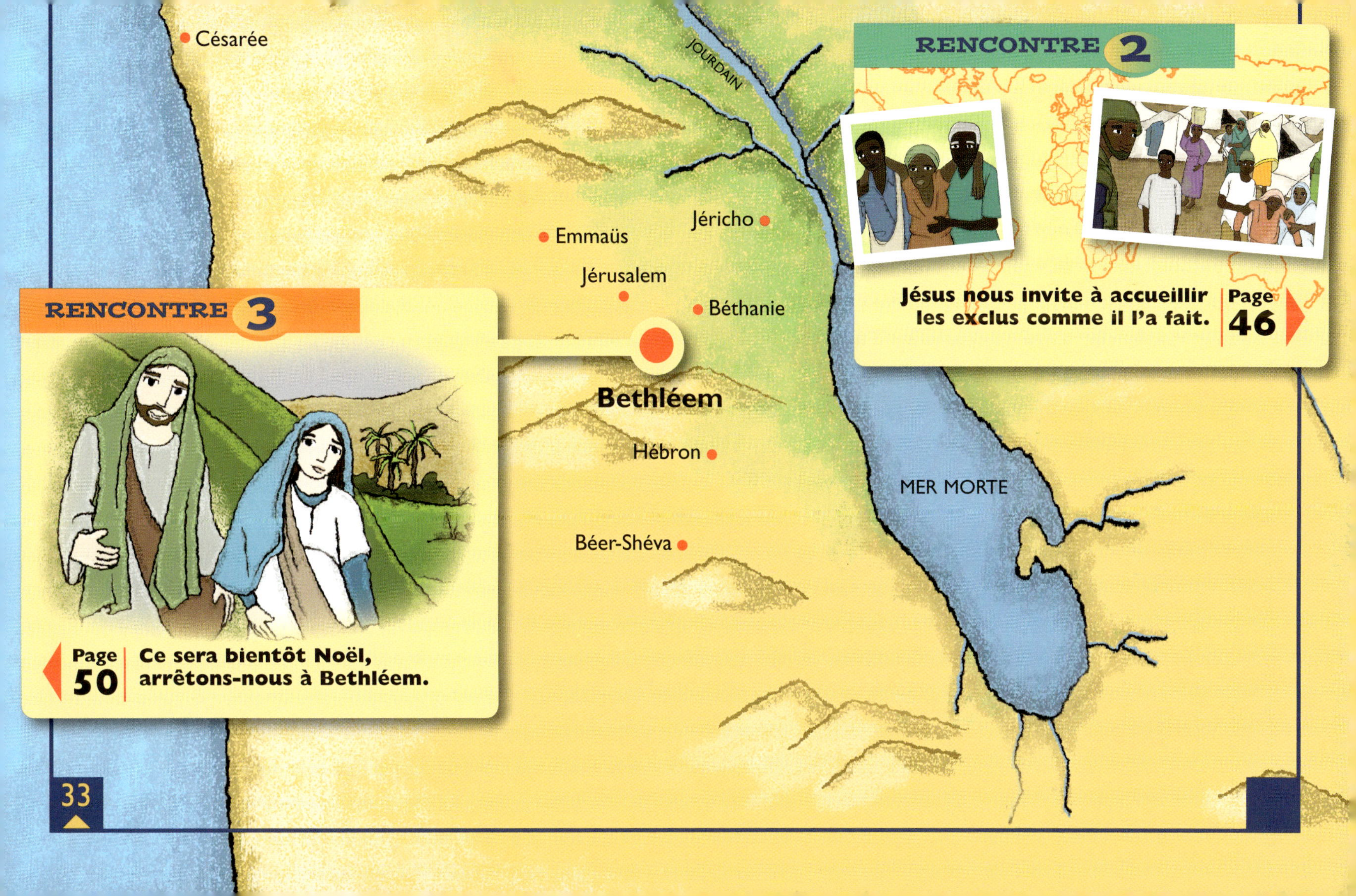

RENCONTRE 2

Jésus nous invite à accueillir les exclus comme il l'a fait.

Page 46

RENCONTRE 3

Page 50

Ce sera bientôt Noël, arrêtons-nous à Bethléem.

Le cycle liturgique

Tout le monde sait que l'année civile commence le 1er janvier et l'année scolaire, à la fin du mois d'août. Mais, savez-vous quand commence l'année des chrétiens ? L'année liturgique, que l'on appelle aussi cycle liturgique, commence le premier dimanche de l'Avent, le temps qui prépare à la fête de Noël. Durant ce cycle liturgique, d'autres temps mènent à d'autres fêtes. Le Carême, par exemple, prépare à la fête de Pâques.

Il faut une période de trois années pour parcourir l'ensemble des lectures bibliques des dimanches. C'est comme une route qui gravirait trois montagnes. Il s'agit toujours de la même route, mais le paysage peut changer.

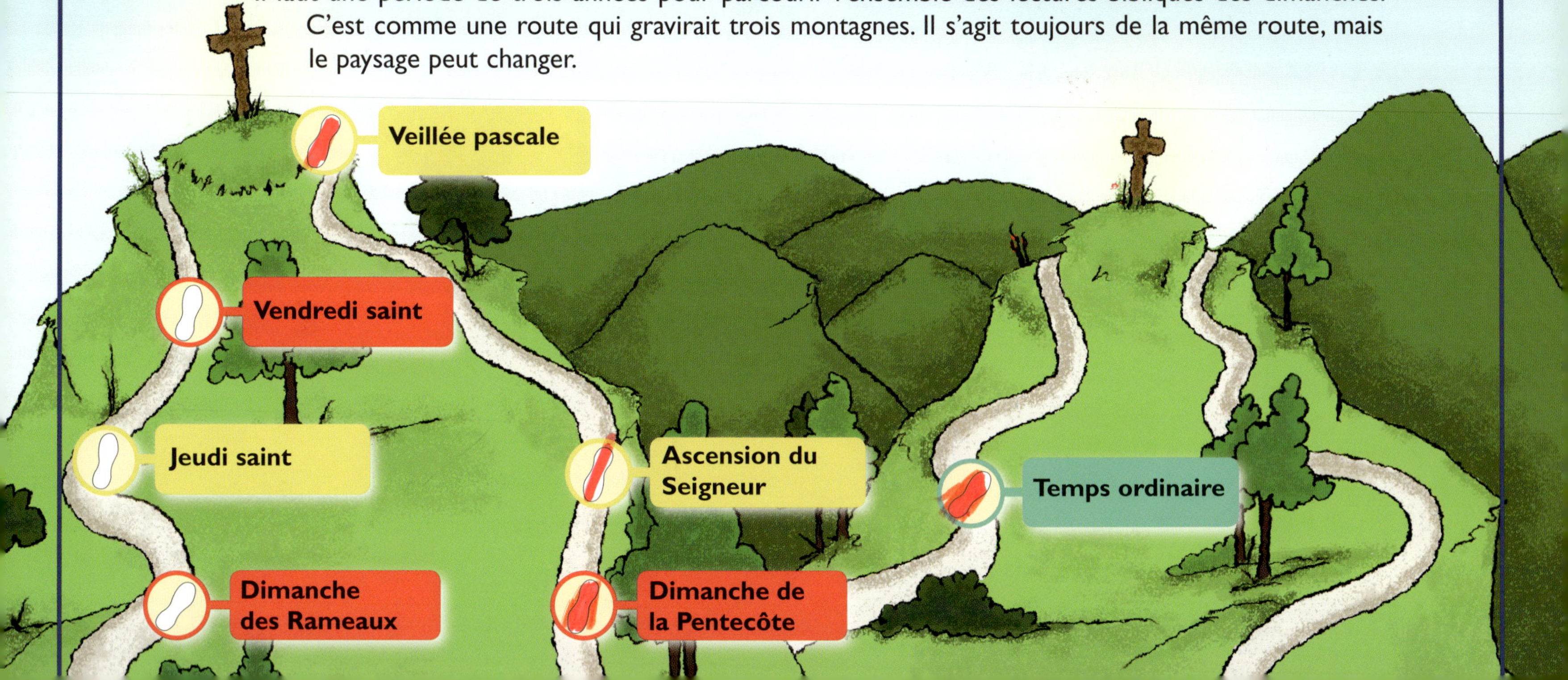

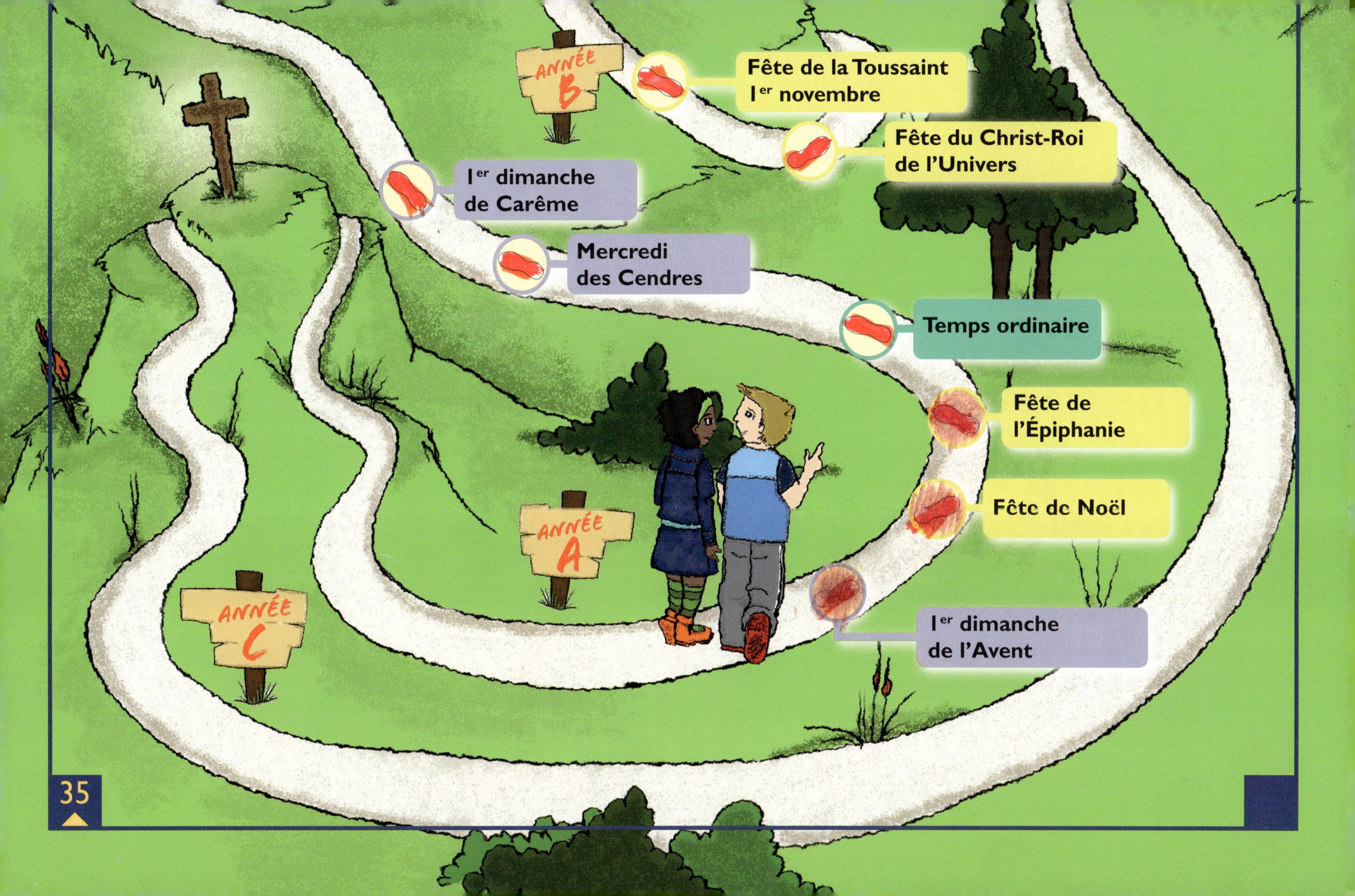
Année B
Fête de la Toussaint
1er novembre
Fête du Christ-Roi
de l'Univers
1er dimanche
de Carême
Mercredi
des Cendres
Temps ordinaire
Fête de
l'Épiphanie
Année A
Fête de Noël
Année C
1er dimanche
de l'Avent

RENCONTRE 1 L'inquiétude transformée en joie

Une histoire de chaînette perdue et retrouvée

Enfin, c'est la journée tant attendue! Les autobus arrivent à la base de plein air. Tout le monde en descend. Les enseignants, aidés de quelques parents, ramènent le calme chez les jeunes. Puis, ils rappellent le programme de la journée et donnent quelques consignes aux jeunes. Tout le monde a hâte de commencer les activités. Le chapiteau pour le spectacle d'acrobatie est déjà monté: quelle belle façon ce sera de finir cette journée!

Par petits groupes, garçons et filles s'engagent dans les sentiers de randonnée. Les jeunes marchent et courent. Ils s'assoient ensuite pour reprendre leur souffle. Ils regardent partout et s'émerveillent des beautés de la nature. Certains ramassent des petites pierres. Ils visent différentes cibles : un tronc d'arbre, un rocher, une petite flaque d'eau. On s'agite, on s'excite.

RENCONTRE 1 L'inquiétude transformée en joie

Après avoir beaucoup joué, c'est le temps pour les jeunes de revenir à leur point de départ. Tout à coup, Gabrielle constate qu'elle n'a plus sa chaînette au poignet. C'est un cadeau de sa grand-maman qui la lui a achetée lors d'un voyage. Consternation! Gabrielle pleure.

« On va chercher ta chaînette avec toi », dit une monitrice.

Quatre volontaires partent avec Gabrielle et la monitrice.

« Où penses-tu l'avoir perdue? demande la monitrice. Te souviens-tu des lieux où tu es allée?

– C'est peut-être… Je ne sais pas… », dit Gabrielle qui pleure toujours.

Pour la consoler, une amie lui dit: « Je suis sûre que je vais reconnaître tous les lieux où on a lancé des pierres. »

Le petit groupe se met en marche. Les jeunes cherchent la chaînette dans un premier endroit, puis dans un deuxième. Rien. Pas de traces de la chaînette.

Le spectacle d'acrobatie va commencer et personne ne veut le rater. Ils regardent partout où ils sont passés. La chaînette reste introuvable.

Cinq, six, sept lieux plus loin, et toujours rien ! Les jeunes sont découragés. Pour ramener un peu d'espoir, la monitrice demande à l'amie de Gabrielle : « Es-tu sûre que vous n'avez pas lancé des pierres ailleurs ? »

Tout à coup, Gabrielle se souvient : « Oui ! Sur une vieille souche. On est passés tout près, tout à l'heure. »

Le groupe se rend à l'endroit indiqué par Gabrielle. On se remet à chercher. Soudain, Alexandre crie : « Je l'ai trouvée ! »

La joie éclate dans le groupe de chercheurs. Gabrielle pleure encore, mais, cette fois, c'est de joie !

RENCONTRE 1 L'inquiétude transformée en joie

Le groupe de jeunes redescend en vitesse et rejoint les autres sous le chapiteau. On annonce à tout le monde la bonne nouvelle.

Les acrobates se réjouissent eux aussi avec Gabrielle. L'un d'eux la place même sur ses épaules. Les autres acrobates les soulèvent et forment une pyramide.

Le public applaudit et crie sa joie.

Perdue et retrouvée: une histoire de Jésus

Petit village de Galilée

Quand Jésus marchait sur les routes de la Galilée, de village en village, il annonçait la Bonne Nouvelle. Il disait que Dieu l'avait envoyé pour venir en aide à ceux qui étaient dans le besoin.

Pour mieux faire comprendre sa mission, il racontait des histoires qui ressemblaient à celle de la chaînette perdue et retrouvée. Les histoires que Jésus racontait s'appellent des paraboles. Il les a souvent racontées à des personnes qui n'étaient pas aimées, comme les publicains. Les scribes et les pharisiens faisaient des reproches à Jésus. « Tu ne devrais pas parler à ces personnes parce qu'elles sont impures », lui disaient-ils.

Pour mieux connaître les publicains, les scribes et les pharisiens, consulte ton guide de voyage.

Page 54

RENCONTRE 1 L'inquiétude transformée en joie

Feuillet biblique Lc 15, 1-7

La brebis perdue

Jésus a raconté l'histoire d'une brebis perdue aux scribes et aux pharisiens. Cette parabole est ici racontée dans un vitrail. Pour la lire, commence par la partie inférieure du vitrail et remonte jusqu'en haut.

Jésus raconte une parabole aux scribes et aux pharisiens.

« Il se penche pour la prendre doucement… »

« Venez partager ma joie… »

« Supposons qu'un berger perde une brebis… »

« Il court après celle qui est perdue. »

RENCONTRE 1 L'inquiétude transformée en joie

« C'est pareil dans le ciel, quand un seul pécheur se convertit. »

Le Seigneur est mon berger

Jésus aimait raconter des histoires à ceux qui venaient l'écouter. Il racontait ses paraboles pour que ses auditeurs connaissent mieux le cœur de Dieu, son Père.

J'ai sans doute appris, moi aussi, quelque chose d'important sur Dieu mon Père en écoutant la parabole du berger.

Si je remerciais Jésus au sujet de ce que j'ai découvert au cours de cette rencontre ?

Consulte ton carnet de voyage. Page 55

Aide-mémoire

Prochaine rencontre

Date : 8 janvier

Heure : 6:00

Je dois apporter : Colorier le tableau

RENCONTRE 2 Pour que la joie du berger nous habite

Jésus était un homme accueillant. Il écoutait tous ceux et celles qui s'approchaient de lui, même les exclus. Tout le monde avait de la valeur à ses yeux. Jésus est un modèle pour nous tous.

Des exclus parmi nous

Des femmes privées de leurs droits

Dans plusieurs pays d'Afrique, d'Asie et du Moyen-Orient, les droits des femmes et des filles ne sont pas respectés. Souvent, même leur vie est menacée. Voici quelques exemples des exclusions dont elles sont victimes, uniquement parce qu'elles ne sont pas des hommes.

Les femmes n'ont pas le droit de posséder un terrain pour le cultiver. Elles n'ont pas le droit d'habiter seule dans un logement.

Les filles ne vont presque pas à l'école parce qu'elles ont trop de travail à la maison.

Les femmes et les filles n'ont souvent pas accès à de bons services de santé.

Les femmes et les filles sont souvent victimes de violence grave. On les force souvent à marier un homme qu'elles ne connaissent même pas.

Des milliers de femmes et de filles sont enlevées et vendues comme esclaves.

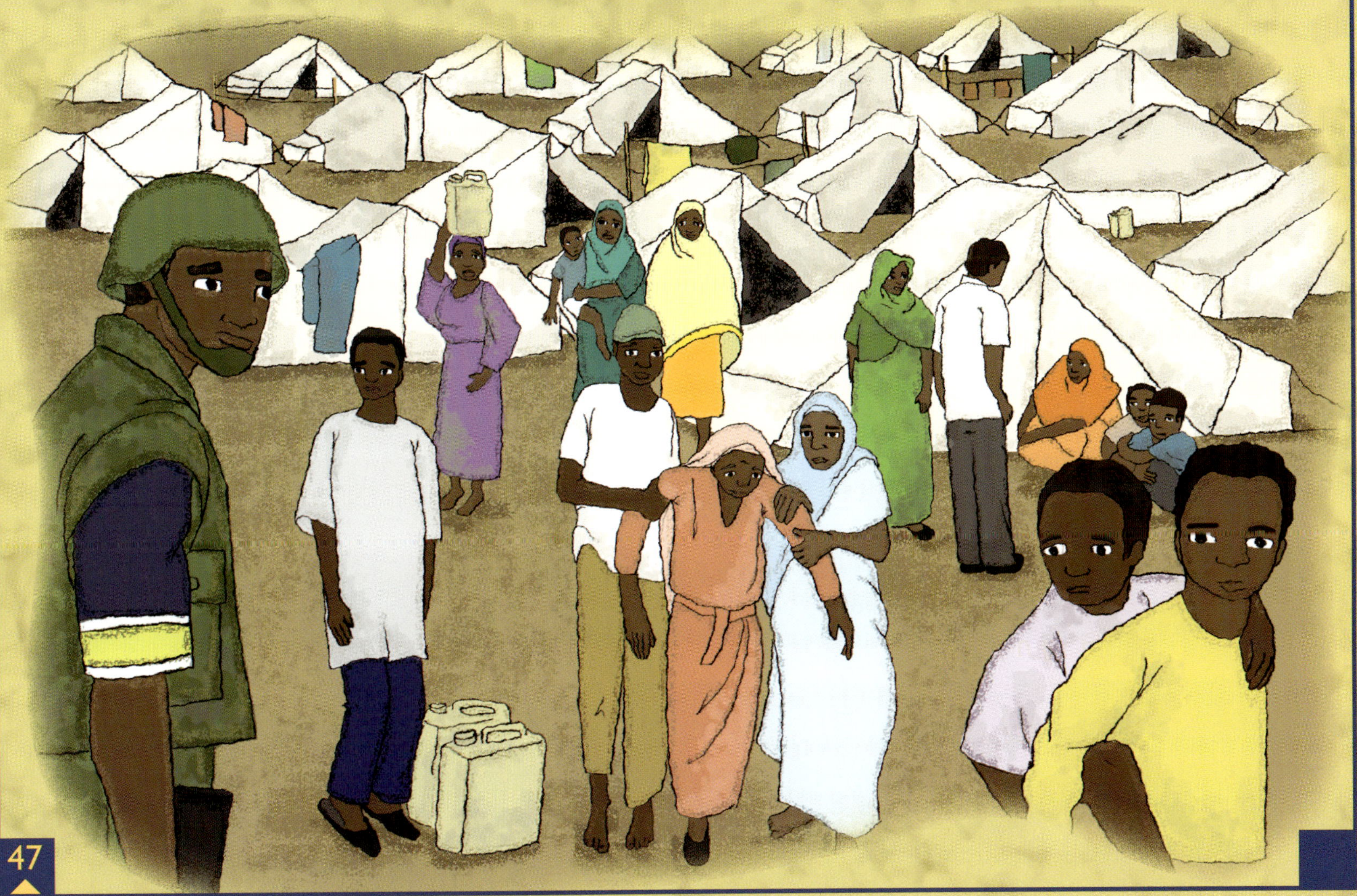

RENCONTRE 2 Pour que la joie du berger nous habite

Les populations de personnes déplacées et réfugiées

Des personnes et des familles entières sont forcées de quitter leurs lieux de vie pour vivre dans d'autres régions de leur pays. Plusieurs doivent même s'exiler, c'est-à-dire se réfugier dans un autre pays. Tout cela pour des raisons de guerres, de famines ou de bien d'autres malheurs.

Des organismes internationaux aménagent des camps en attendant que ces personnes ou ces familles puissent retourner chez elles. Malheureusement, ces personnes ou ces familles n'ont pas le droit de travailler pour gagner leur vie. Elles n'ont pas non plus accès à l'éducation. Elles se retrouvent plus ou moins prisonnières de leur camp.

Les populations de citoyens de basses classes sociales

Dans certains pays, des populations de classes sociales « inférieures » n'ont pas les mêmes droits que celles des classes « supérieures ». Elles doivent même habiter des quartiers qui leur sont réservés. On leur refuse plusieurs emplois qui ne sont que pour des personnes de « haute classe ».

Des organismes, chrétiens ou autres, viennent en aide à des populations d'exclus.

Souvenir de ton parcours Mène-nous vers Jérusalem

Les aveugles, comme Bartimée, les mendiants et bien d'autres étaient considérés comme des « rejets ».

Aide-mémoire

Prochaine rencontre

Date : ______________________

Heure : ______________________

Je dois apporter : ______________________

____

____

RENCONTRE 3 Le berger descend nous sauver

La route était longue à pied entre la Galilée et la Judée. Joseph partit donc avec Marie, son épouse, qui attendait un enfant.

Feuillet biblique **Lc 2, 1-20**

Marie mit au monde un fils, son premier-né. Elle l'emmaillota et le coucha dans une mangeoire pour les animaux. Il n'y avait pas de place pour Marie, Joseph et leur fils dans la salle où logeaient les voyageurs.

Souvenir de ton parcours
Mène-nous vers Jérusalem

Les Mages sont venus visiter Jésus à Bethléem.

RENCONTRE 3 Le berger descend nous sauver

**Cette nuit-là, un ange du Seigneur se présenta devant des bergers qui gardaient leurs moutons.
Il leur annonça la naissance de Jésus, leur Sauveur.
D'autres anges se joignirent au premier pour chanter:**

Cette icône représente une autre façon d'illustrer la naissance de Jésus.

Icône de la Nativité, Gilberte Massicotte Éthier [www.massicotte-ethier.ca/]

Un temps de prière

Nous le savons maintenant:
Jésus est notre Sauveur.
Nous partageons
la joie des bergers
à qui cette bonne
nouvelle a été annoncée.

Disons merci à Jésus,
notre berger.

Consulte ton carnet de voyage. Page 55

Aide-mémoire

Prochaine rencontre

Date: ____________________

Heure: ____________________

Je dois apporter: ____________________

____

____

GUIDE DE VOYAGE

Les publicains, les scribes et les pharisiens

Les **publicains** percevaient l'argent des impôts. Mais ils ne le remettaient pas toujours au complet aux Romains qui dirigeaient le pays. Ils en mettaient dans leurs poches.

Les publicains étaient détestés par leurs compatriotes juifs à cause de leurs relations avec les Romains. Ils étaient souvent exclus de leur communauté. Personne ne voulait être vu en leur compagnie. Alors, les publicains se retrouvaient entre eux ou avec d'autres exclus, des impurs comme eux.

Les **scribes** étaient des experts de la loi juive. On les appelait aussi : docteurs de la Loi. Avec les prêtres, ils étaient les guides du peuple juif.

Les **pharisiens** étaient des passionnés de la Loi. Ils n'étaient pas nombreux et vivaient à part des autres, qu'ils considéraient comme des impurs. Ils avaient une grande influence sur les commerçants, les paysans, les artisans et même sur les prêtres.

Dans la religion juive, il fallait **être pur** pour rencontrer Dieu. Pour ce faire, on devait respecter la Loi en évitant, par exemple, de manger certains aliments ou de toucher certains objets.

Rappelle-toi les lépreux que tu as rencontrés à l'étape 1. Ils étaient considérés comme impurs. Ils ne pouvaient redevenir purs que lorsque les prêtres constataient qu'ils étaient guéris de leur maladie.

CARNET DE VOYAGE

Merci, Seigneur, mon berger

J'ai découvert de belles choses au cours de cette rencontre. Je les écris dans ma prière ci-dessous.

Merci, Seigneur, ______________________________

____

____

____

____

____

____

Gloire à Dieu au plus haut des cieux!

Dans le cantique de Noël ci-dessous, le refrain te paraîtra peut-être écrit dans une langue étrange. C'est du latin. Les mots *Gloria in excelsis Deo* reprennent les mêmes paroles que celles des anges.

Les anges dans nos campagnes

Les anges dans nos campagnes
Ont entonné l'hymne des cieux.
Et l'écho de nos montagnes
Redit ce chant mélodieux.
Gloria in excelsis Deo (*bis*).

Bergers, grande est la nouvelle:
Le Christ est né, le Dieu Sauveur!
Venez, le ciel vous appelle
À rendre hommage au Rédempteur.

Consulte ton recueil de prières. Page 136

ÉTAPE 3 L'eau qui fait passer de la mort à la vie

Dans cette troisième étape, il sera question de l'eau. Tu sais sans doute combien elle est importante dans nos vies et dans celle de notre monde. L'eau dont il sera question dans cette étape est spéciale et mystérieuse : en effet, elle fait passer de la mort à la vie.

RENCONTRE 1

Nous découvrons le récit du Déluge.

Page 58

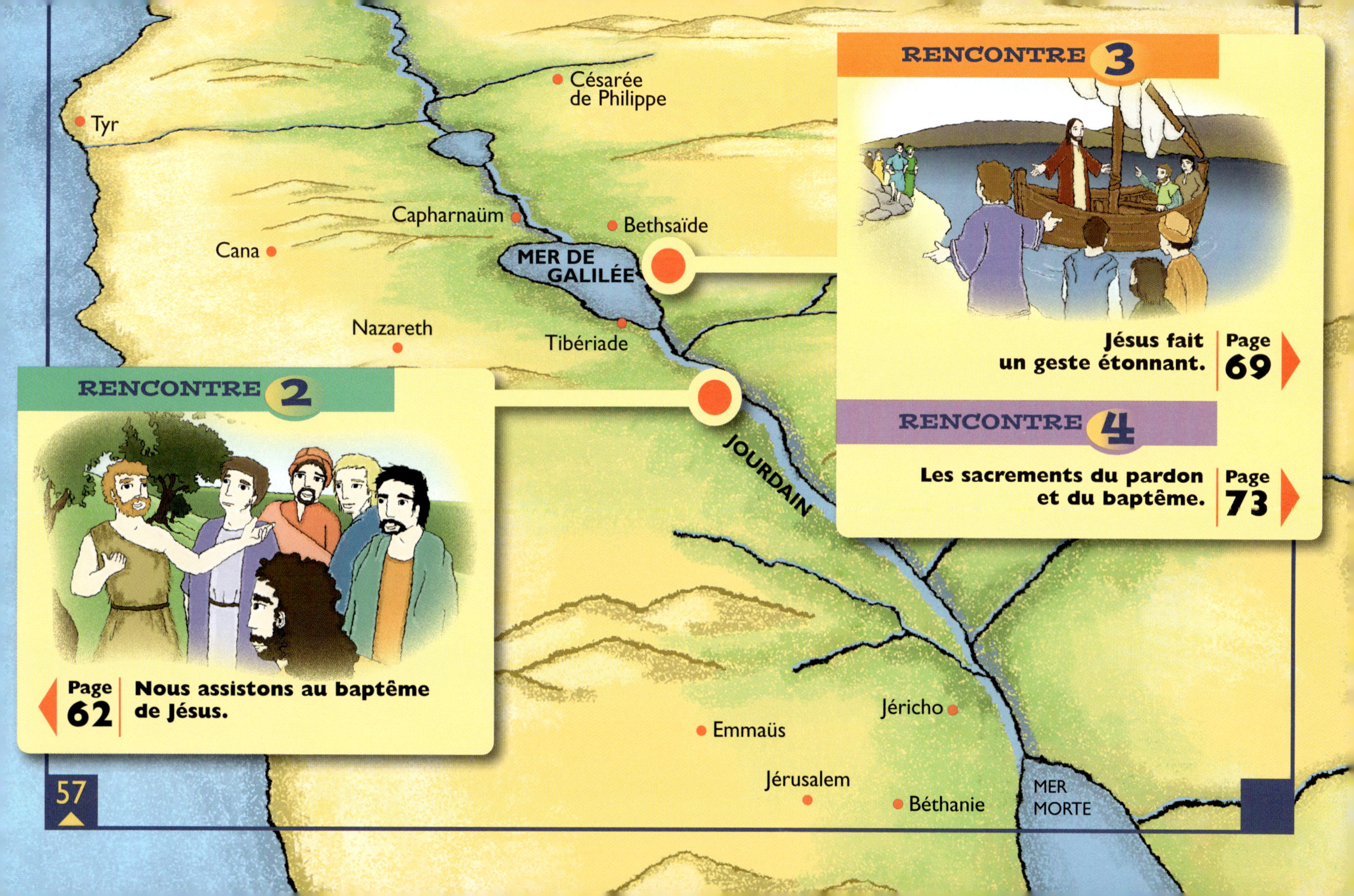

RENCONTRE 3

Jésus fait un geste étonnant.

Page 69

RENCONTRE 4

Les sacrements du pardon et du baptême.

Page 73

RENCONTRE 2

Page 62

Nous assistons au baptême de Jésus.

RENCONTRE 1 La violence n'aura pas le dessus

Les hommes et les femmes que Dieu avait créés étaient devenus méchants et violents. Dieu se dit que la Terre devait connaître un nouveau commencement. Il décida de faire le grand ménage. De l'eau, beaucoup d'eau ! Un déluge.

Avant de tout détruire, Dieu pensa tout de même à sauver Noé, qui était un homme juste. Noé, sa famille et un couple de chaque espèce d'animaux montèrent dans une arche. Puis, Dieu en ferma la porte.

Feuillet biblique **Gn 6, 11-22; 7, 1-24; 8, 1-20**

Tu veux te rafraîchir la mémoire au sujet de la création du monde par Dieu ? Consulte ton guide de voyage. **Pages 76-77**

Toc! Une première goutte de pluie tomba sur le toit de l'arche. Puis, des milliers, des millions et des milliards d'autres gouttes tombèrent à leur tour. C'était comme un roulement de tambour assourdissant.

Sous l'arche, des tourbillons d'eau jaillirent de la terre. De nouveaux ruisseaux se formèrent et grossirent. Ils devinrent rapidement des rivières qui, ensuite, devinrent des fleuves. Vite, très vite, la terre fut recouverte d'un océan à perte de vue.

L'eau tomba pendant quarante jours et quarante nuits!

Tout disparut sous la surface des eaux. Tous les êtres humains et tous les animaux moururent.

RENCONTRE 1 La violence n'aura pas le dessus

Alors, Dieu se souvint de Noé. Il fit glisser un vent sur la terre. Il ferma les sources des eaux qui venaient de sous la terre et celles du ciel. La pluie cessa de tomber. L'eau commença à baisser.

Découvre ce qui se cache derrière l'arc-en-ciel. Consulte ton guide de voyage. Page 78

La colombe, signe de paix

Après quarante jours de déluge, Noé et les habitants de l'arche étaient les seuls êtres encore vivants. Alors, Dieu a arrêté la pluie. Ensuite, il a soufflé un vent qui a calmé l'eau. Celle-ci est retournée là d'où elle était venue.

Puis, Noé a envoyé une colombe qui est revenue avec un rameau d'olivier.

« Seigneur, fais de nous des colombes de la paix. »

La colombe est le symbole de la paix. Quand on la voit, on peut penser à la paix, bien sûr, mais aussi à la non-violence, à la justice, à l'amour et à l'amitié.

Pour demander à Dieu d'être une colombe de la paix, consulte ton carnet de voyage. Page 79

Aide-mémoire

Prochaine rencontre

Date : ______________________

Heure : ______________________

Je dois apporter : ______________________

____

____

RENCONTRE 2 Baptisés, nous recevons une vie nouvelle

Cette deuxième rencontre te fera connaître une autre histoire où l'eau est importante. En effet, tu découvriras dans le récit du baptême de Jésus que Dieu le Père, par Jésus son Fils, nous donne une vie nouvelle par l'eau du baptême.

Jean le Baptiste invite à se convertir, c'est-à-dire à changer de vie.

Le baptême de Jésus

Les illustrations des prochaines pages représentent les différentes étapes du récit du baptême de Jésus. À toi de les compléter en écrivant dans les bulles les paroles des personnages.

Feuillet biblique **Mt 3, 1-17**

2 Jean le Baptiste adresse des reproches aux scribes et aux pharisiens.

3 Jean le Baptiste refuse de baptiser Jésus.

RENCONTRE 2 Baptisés, nous recevons une vie nouvelle

4 Jean baptise Jésus.

5 Jésus sort de l'eau. Les cieux s'ouvrent.

Une représentation du baptême de Jésus

Après avoir été baptisé, Jésus sortit de l'eau. À ce moment, les cieux s'ouvrirent. Jésus vit l'Esprit saint descendre sur lui comme le ferait une colombe. Une voix venue des cieux se fit entendre : « Celui-ci est mon Fils bien-aimé ; il fait ma grande joie. »

Le baptême de Jésus,
par Gilberte Massicotte-Éthier.
[www.massicotte-ethier.ca/]

Souvenir de ton parcours Mène-nous vers Jérusalem

Baptisé par Jean,
Jésus a combattu le mal.

RENCONTRE 2 Baptisés, nous recevons une vie nouvelle

Dieu nous donne une vie nouvelle par le baptême

Jésus a été baptisé dans le Jourdain. Au cours des siècles, le baptême a été pratiqué de différentes façons. Au IVe siècle, par exemple, les nouveaux chrétiens étaient immergés, c'est-à-dire plongés dans l'eau d'une piscine baptismale en forme de croix.

Rites chrétiens

La photo ci-contre représente les fonts baptismaux qui, de nos jours, servent généralement au baptême. Il s'agit d'une cuve placée sur un socle et destinée à recueillir l'eau du baptême.

« Par le baptême, nous avons été mis au tombeau avec lui pour être associés à sa mort afin que, tout comme le Christ a été ramené d'entre les morts par la puissance du Père, nous aussi nous vivions d'une vie nouvelle. En effet, si nous avons été unis à lui par une mort semblable à la sienne, nous serons également unis à lui par une résurrection semblable à la sienne. »
(Épître de Paul aux Romains 6, 4-5)

Un temps de prière

Je crois, Seigneur,
Je crois, Seigneur,
tu es source de vie !
Je crois, Seigneur,
tu remplis l'Univers !
Je crois, Seigneur,
ton amour est présent !
Amen !

Aide-mémoire

Prochaine rencontre

Date : ______________________

Heure : ______________________

Je dois apporter : ______________________

____

____

RENCONTRE 3 Le Seigneur calme nos tempêtes et apaise nos peurs

Une autre histoire d'eau! Dans cette troisième rencontre, elle est mystérieuse. Il y est question d'une tempête que Jésus apaise. Avant de découvrir cette nouvelle histoire, rappelons-nous le baptême de Jésus. Cette fois, nous sommes invités à contempler une verrière du sanctuaire Notre-Dame-du-Cap, au Cap-de-la-Madeleine.

Souvenir de ton parcours
Mène-nous vers Jérusalem

Jésus a vaincu le péché,
le mal et la mort.

[www.sanctuaire-ndc.ca/les%20verrieres/index_verrieres.htm]

La tempête apaisée

Jésus avait décidé de quitter la foule. Il voulait partir, seul avec ses disciples. Il les invita donc à monter avec lui dans une barque pour traverser de l'autre côté du lac. Les premiers arrivés montèrent dans la barque. Deux autres s'avancèrent et discutèrent avec Jésus avant de le rejoindre dans la barque. D'autres enfin virent le geste d'invitation de Jésus, mais ils décidèrent de ne pas le suivre.

Feuillet biblique **Mt 8, 18-27**

RENCONTRE 3 Le Seigneur calme nos tempêtes et apaise nos peurs

Pendant que Jésus et ses disciples traversaient le lac, une énorme tempête s'éleva. Les vagues étaient tellement hautes qu'elles passaient par-dessus la barque. Les disciples étaient morts de peur, mais Jésus, lui, dormait calmement.

Les disciples réveillèrent Jésus: « Seigneur, sauve-nous! Nous allons périr », lui crièrent-ils. Jésus leur répondit: « Pourquoi avez-vous peur? Votre foi est bien minime! »

Alors, Jésus se leva. Il parla avec force aux vents et à la mer. Et soudain, tout redevint calme.

Sur la rive du lac, la foule, qui avait vu ce qui venait de se passer, était remplie d'étonnement. Tout le monde se demandait : Qu'est-ce que cet homme a de si spécial et de si unique que même les vents et la mer lui obéissent ?

Consulte ton carnet de prière.
Tu y trouveras les mots du *Notre Père*.

Page 136

RENCONTRE 3 Le Seigneur calme nos tempêtes et apaise nos peurs

Un temps de prière

Dans nos vies, des situations ou des événements provoquent de véritables tempêtes. Notre pauvre petite barque est ballottée de tous les côtés. La maladie, les échecs scolaires, les grosses chicanes, la séparation de nos parents ou un simple déménagement peuvent causer ce genre de tempêtes.

Il est bon de se rappeler que Dieu est toujours là. Il est toujours prêt à apaiser les tempêtes de nos vies. Il nous suffit de nous tourner vers lui et de lui crier : « Seigneur, sauve-nous ! » ou encore « Délivre-nous du mal ! »

Aide-mémoire

Prochaine rencontre

Date : ______

Heure : ______

Je dois apporter : ______

______

______

Découvre une prière pour calmer les tempêtes. Page 80

RENCONTRE 4 Le pardon nous remet « comme avant »

Les sacrements du pardon et du baptême

À notre baptême, nous n'avons pas été plongés seulement dans l'eau, mais dans l'amour de Dieu. Son amour est la source d'une vie toute nouvelle en nous. Elle se manifeste dans nos relations avec les gens qui nous entourent. Nous nous sentons bien avec eux et ils se sentent bien avec nous.

Il arrive cependant que les choses se gâtent entre les autres et nous. L'amitié que nous partageons se met à battre de l'aile comme un oiseau blessé. Nous pensons à nous, et seulement à nous. Nous oublions les autres. Et les liens qui nous unissaient à eux se brisent. C'est la même chose pour les liens qui nous unissent à Dieu notre Père.

Souvenir de ton parcours Mène-nous vers Jérusalem

Le pardon nous remet sur la route vers le Père.

RENCONTRE 4 Le pardon nous remet « comme avant »

Comment guérir l'oiseau blessé?

Le sacrement du pardon est un remède très efficace pour guérir l'amitié blessée. Grâce au pardon, nous retissons nos liens avec les autres. Nous retrouvons alors pleinement notre vie d'enfant de Dieu. Le pardon nous « remet comme avant ». Quand nous avouons que nous n'avons pas bien agi, Dieu nous dit: « Tu es mon fils, tu es ma fille, par ton baptême. Je sais que parfois tu fais des choses qui ne ressemblent pas à ce que normalement un fils ou une fille de Dieu devrait faire. Mais je t'aime tellement que j'efface pour toujours les gestes que tu regrettes d'avoir faits ou les paroles que tu as dites. »

Rites chrétiens

La célébration communautaire du sacrement du pardon

L'accueil
Je ne suis pas seul(e) à célébrer le pardon que Dieu veut me donner. Plusieurs personnes sont rassemblées à l'église.

L'écoute de la Parole de Dieu
La Parole de Dieu m'aide à me souvenir combien Dieu m'aime.

L'examen de conscience
Je ferme les yeux. Je me prépare à rencontrer le prêtre : je réfléchis à mes paroles et à mes gestes.

La prière communautaire de confession
J'avoue que je n'ai pas toujours bien agi. Je demande à Dieu de me pardonner. Je récite le *Notre Père* avec l'assemblée.

La confession et l'absolution individuelles
Je rencontre le prêtre et lui dis mes manquements. Le prêtre me donne le pardon de Dieu.

La prière d'action de grâce
Je dis merci à Dieu avec l'assemblée.

La conclusion
Le président de l'assemblée nous bénit et nous dit d'aller dans la paix du Christ témoigner de l'amour de Dieu.

Aide-mémoire

Prochaine rencontre

Date : ____________________

Heure : ____________________

Je dois apporter : ____________________

____

____

Découvre une prière sur le pardon dans ton carnet de voyage. Page 81

Les jours de la création

La Bible, dans le livre de la Genèse, raconte comment Dieu a créé le monde.

1 Au début, tout était en désordre. Le premier jour, Dieu a séparé la lumière de la noirceur. Et Dieu a dit : « Ça, c'est bon. »

2 Le deuxième jour, il a séparé les eaux d'en haut d'avec les eaux d'en bas. Et il a dit : « Ça, c'est bon. »

3 Le troisième jour, il a fait apparaître les continents et la végétation. Et il a dit : « Ça, c'est bon. »

4 Le quatrième jour, il a créé le soleil pour le jour et la lune et les étoiles pour la nuit. Et il a dit : « Ça, c'est bon. »

5 Le cinquième jour, il a créé les oiseaux dans le ciel et les poissons dans l'océan. Et il a dit: « Ça, c'est bon. »

6 Le sixième jour, il a créé les animaux et les humains. Et il a dit: « Ça, c'est bon. » Et il dit: « Ça, c'est très bon. »

7 Et le récit de la Création se termine avec le septième jour. Je vais vous lire la fin du récit: « Dieu, qui avait achevé son travail, se reposa le septième jour. Ce septième jour, il en fit un jour béni, un jour pour penser à lui. »

Ce jour est différent des autres. Il continue d'exister pour les juifs, c'est le samedi; pour nous, les chrétiens, c'est le dimanche, et pour les musulmans, c'est le vendredi. On offre alors à Dieu des prières de louange en signe de reconnaissance; on lui dit merci.

L'arc-en-ciel

Avant l'époque de Jésus et en son temps, les guerriers utilisaient plusieurs armes : épées, glaives, lances, arcs et flèches.

Il arrivait que les soldats d'une armée, sur le champ de bataille, déposaient leurs armes par terre.

Leurs ennemis comprenaient alors qu'ils voulaient s'entendre avec eux, faire la paix et, qui sait, peut-être conclure une alliance.

Après le Déluge, Dieu a décidé de ne plus se servir de l'eau comme arme de destruction. Pour le manifester, il a déposé son arc-en-ciel sur la terre.

Fini la violence ! Dieu veut faire la paix avec les êtres humains. Il conclut une alliance avec Noé.

L'agent pacificateur

Dans plusieurs écoles, le pacificateur, ou médiateur, intervient dans une situation de mésentente, de chicane ou de bagarre entre deux ou plusieurs personnes.

Pour qu'un pacificateur joue son rôle, il faut d'abord que les opposants acceptent de se faire aider par lui (ou elle).

La fonction du pacificateur est de permettre à chacun de s'écouter pour se comprendre et de trouver des solutions satisfaisantes. Pour sceller leur réconciliation, les opposants signent un contrat. Ils se donnent ensuite une poignée de mains.

Pour en savoir plus au sujet des agents pacificateurs, consulte : www.circm.com/fr/vers_pacifique.php

CARNET DE VOYAGE

Pour qu'il fasse de nous des artisans de paix, prions le Seigneur.

Quand domine la haine,
que nous annoncions l'amour. Que nous annoncions l'amour.

Quand blesse l'offense,
que nous offrions le pardon. Que nous offrions le pardon.

Quand sévit la discorde,
que nous bâtissions la paix. Que nous bâtissions la paix.

Quand s'installe l'erreur,
que nous proclamions la vérité. Que nous proclamions la vérité.

Quand paralyse le doute,
que nous réveillions la foi. Que nous réveillions la foi.

Quand pèse la détresse,
que nous ranimions l'espérance. Que nous ranimions l'espérance.

Quand s'épaississent les ténèbres,
que nous apportions la lumière. Que nous apportions la lumière.

Quand règne la tristesse,
que nous libérions la joie. Que nous libérions la joie.

(*Prière du temps présent*, Matin, Samedi II)

Seigneur Jésus Christ, tu as dit à tes apôtres : « Je vous laisse la paix, je vous donne ma paix », ne regarde pas nos péchés, mais la foi de ton Église ; pour que ta volonté s'accomplisse, donne-lui cette paix et conduis-la vers l'unité parfaite, toi qui règnes pour les siècles des siècles. Amen.

(Prière qui précède l'échange de la paix, à la messe)

Que la paix du Seigneur soit avec toi !

Seigneur, sauve-nous !

Seigneur Dieu, fais entrer dans ton Église, partout dans le monde, tous les catéchumènes qui seront bientôt baptisés. Ils ont été marqués du signe de la croix ; pour qu'ils soient fidèles à ton Fils tout au long de leur vie, nous te prions, Seigneur.

Seigneur, exauce notre prière.

Ils vont être plongés dans la mort avec le Christ ; pour qu'ils vivent avec lui en ressuscités, nous te prions, Seigneur.

Seigneur, exauce notre prière.

Pour que les autres chrétiens, parents et amis, leurs parrains et marraines les aident à grandir comme membres vivants de l'Église, nous te prions, Seigneur.

Seigneur, exauce notre prière.

Pour tous les chrétiens qui passent par des épreuves, qu'ils se rappellent que leur baptême est une promesse de vie de bonheur en abondance, nous te prions, Seigneur.

Seigneur, exauce notre prière.

Nous te prions aussi pour nous : que la lumière et le feu de ton Esprit éclairent notre intelligence et réchauffent notre cœur pour comprendre la Bonne Nouvelle que ton Fils nous apporte en catéchèse.

Seigneur, exauce notre prière.

Pitié, Seigneur !

Pitié, Seigneur, car nous avons péché.

Pitié pour moi, mon Dieu, dans ton amour;
selon ta grande miséricorde, efface mon péché.
Lave-moi tout entier de ma faute,
purifie-moi de mon offense.

Oui, je connais mon péché,
ma faute est toujours devant moi.
Contre toi, et toi seul, j'ai péché,
ce qui est mal à tes yeux, je l'ai fait.

Crée en moi un cœur pur, ô mon Dieu,
renouvelle et raffermis au fond de moi mon esprit.
Ne me chasse pas loin de ta face,
ne me reprends pas ton esprit saint.

Rends-moi la joie d'être sauvé;
que l'esprit généreux me soutienne.
Seigneur, ouvre mes lèvres,
et ma bouche annoncera ta louange.

Psaume 50 [51]

ÉTAPE 4 Dieu, force de vie pour tous

Tu as déjà parcouru plus de la moitié du parcours qui te conduit, avec Jésus, au mont des Oliviers. Dans cette nouvelle étape, tu découvriras que Dieu est force de vie. Sa force n'a rien à voir avec celle des héros ou des super-héros. Dieu est force de vie pour tous.

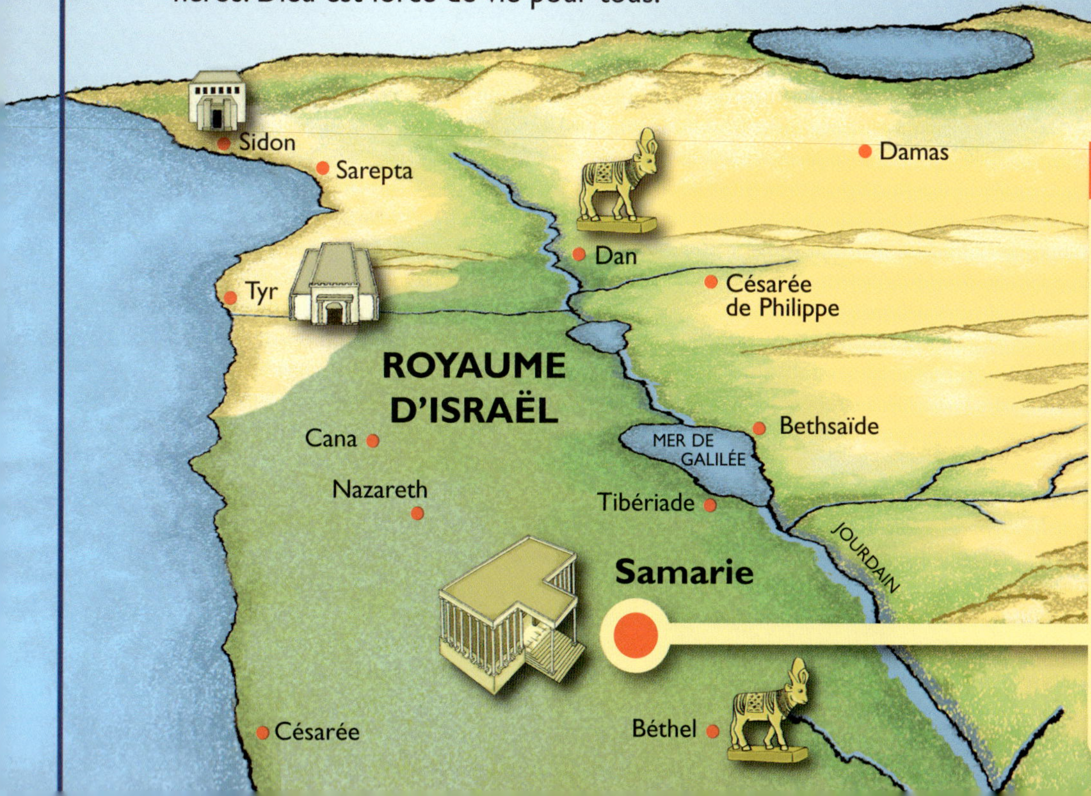

RENCONTRE 1

Longtemps avant Jésus, Élie a appris à devenir le prophète du Dieu Vivant.

Page 84

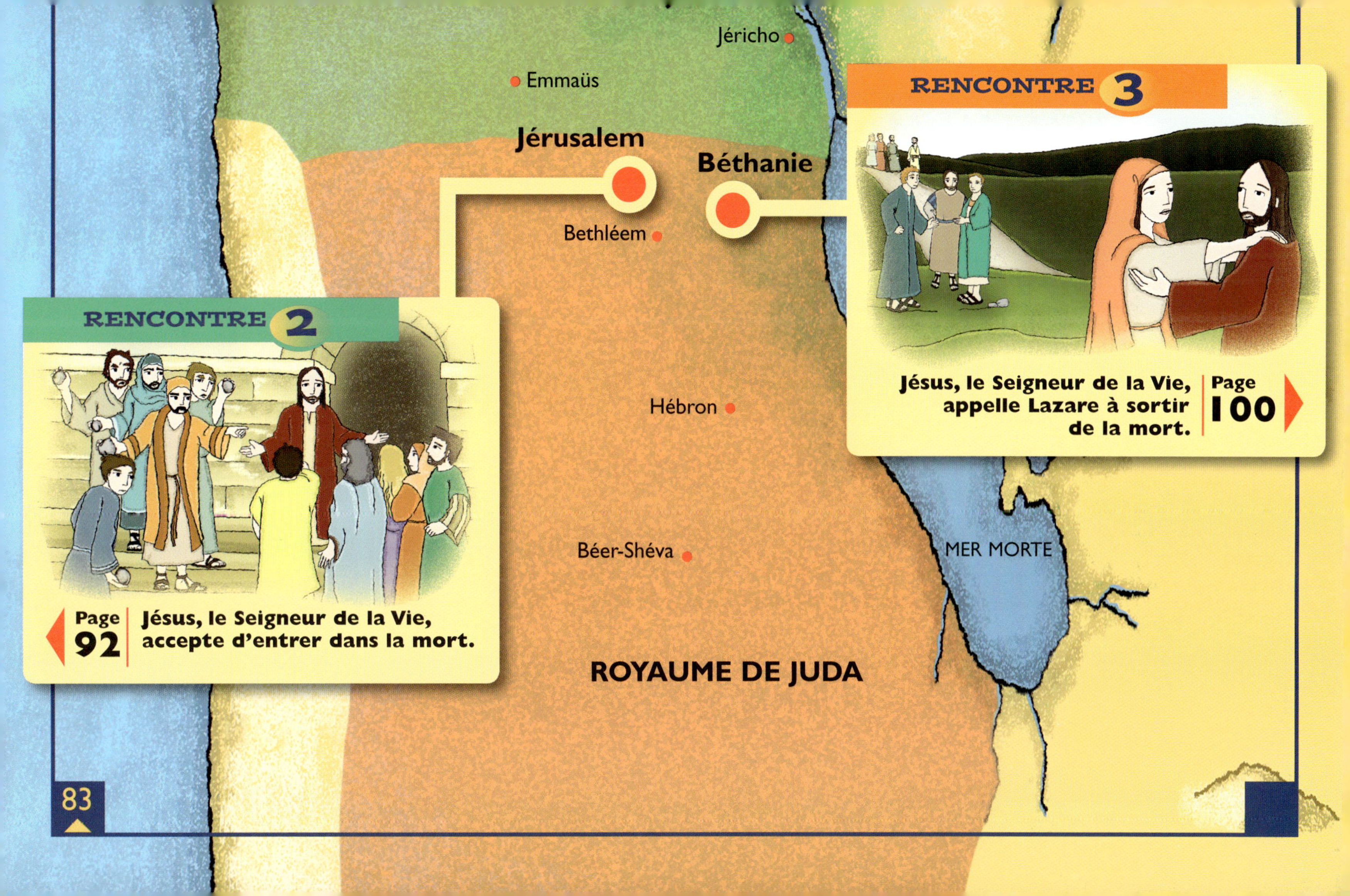

RENCONTRE 2

Page 92

Jésus, le Seigneur de la Vie, accepte d'entrer dans la mort.

RENCONTRE 3

Jésus, le Seigneur de la Vie, appelle Lazare à sortir de la mort.

Page 100

RENCONTRE 1 Élie apprend à devenir le prophète du Dieu Vivant

Le roi Achab régnait sur Israël, le royaume du Nord. Il rêvait d'avoir d'aussi grands pouvoirs que le souverain voisin, qui régnait sur Tyr et Sidon. Il oubliait que Dieu était le seul vrai berger de son peuple. Achab s'éloigna de Dieu.

Une sécheresse survint. Achab se prosterna alors devant la statue du dieu Baal, le dieu du royaume voisin, le dieu de la pluie et de l'orage. Il encouragea même son peuple à se prosterner devant lui.

Feuillet biblique **1 R** 16, 29-31 ; 17, 1-24

Élie était très fâché de ce que faisait le roi Achab. Il alla le trouver pour le punir de ses mauvaises actions. Comme Élie était un homme de Dieu, il se dit qu'il utiliserait ses grands pouvoirs. Il voulait prouver à Achab que le Dieu d'Israël, son Dieu, était beaucoup plus fort que Baal. « Il ne pleuvra pas tant que moi, je ne le demanderai pas à Dieu ! », lui dit-il.

Mais le Dieu Vivant n'aime pas les manières fortes et les menaces. Il ordonna donc à Élie d'aller se cacher dans le désert. C'était un peu comme si Dieu mettait Élie en pénitence pour qu'il réfléchisse à ses façons d'agir.

Afin de mieux connaître le royaume du Nord, consulte ton guide de voyage. Page 104

Souvenir de ton parcours Mène-nous vers Jérusalem

Samuel a lui aussi été un homme qui a parlé au nom de Dieu.

RENCONTRE 1 Élie apprend à devenir le prophète du Dieu Vivant

Élie obéit à Dieu et s'installa près du torrent le Kérith. Les corbeaux lui apportaient à manger et il buvait l'eau du torrent. Un jour cependant, il n'y eut plus d'eau à cause de la sécheresse.

Élie demanda à la veuve de Sarepta de lui cuire une petite galette de pain. La femme lui dit qu'il ne lui restait presque rien à manger. Alors, Élie lui répondit : « La farine ne manquera pas dans le bol, l'huile ne manquera pas dans le pot jusqu'à ce que Dieu fasse tomber la pluie sur la terre. » La veuve obéit, même si elle ne connaissait pas le Dieu dont parlait Élie. Finalement, la veuve, son fils et Élie eurent à manger pendant longtemps.

Un jour, le fils de la veuve tomba malade et mourut. Sa mère était désespérée. Alors, Élie prit l'enfant dans ses bras et l'emmena dans sa chambre. Il pria Dieu par trois fois : « Seigneur, mon Dieu, je t'en supplie, rends la vie à cet enfant. » Dieu redonna la vie à l'enfant de la veuve de Sarepta. Celle-ci reconnut aussitôt la grandeur et la force du Dieu Vivant qu'Élie lui avait fait connaître.

RENCONTRE 1 Élie apprend à devenir le prophète du Dieu Vivant

Dieu manifeste à tous sa force de vie et sa bonté. Il ne regarde pas l'âge, la couleur de la peau ou le pays d'origine.

La ruelle interculturelle

Timothée demeure dans un quartier plein de couleurs et d'odeurs différentes. En effet, des familles de plusieurs nationalités y vivent.

Le jour de l'anniversaire de Timothée, ses amis du voisinage sont invités à partager le dessert. À l'heure prévue, ils arrivent tous par la ruelle qui conduit à la cour de la maison de Timothée. Ils ont bien hâte de goûter à son gâteau d'anniversaire.

Timothée souffle ses trois bougies. Tout le monde se régale et s'amuse.

Vive la fête qui rassemble! Que les gens de la ruelle interculturelle vivent toujours en paix!

Des chrétiens de diverses traditions s'engagent dans des actions en faveur de la paix, des droits de la personne et de la justice. À l'occasion de leurs rencontres, ils prient Dieu, force de vie. Ils lui demandent aussi de les rassembler en une seule et même grande famille.

Une célébration catholique

Une assemblée orthodoxe

Des chrétiens de l'Église unie Saint-Jean, à Montréal

Un temps de prière

Prions pour tous nos frères et nos sœurs qui croient en Jésus Christ.

Demandons au Seigneur notre Dieu de les rassembler et de les garder dans l'unité de son Église.

Seigneur, nous te prions d'unir tous les chrétiens dispersés.

Ils ont tous reçu le même baptême, que ta Parole les amène à partager la même foi et que ton amour les rapproche pour former un seul troupeau autour du même berger, Jésus ton Fils.

Amen.

Pour mieux connaître d'autres chrétiens, consulte ton guide de voyage. Page 105

RENCONTRE 1 Élie apprend à devenir le prophète du Dieu Vivant

Un temps de prière

Le Vendredi saint, les chrétiens se réunissent pour prier, à 15 heures. Ils se rappellent que c'est à cette heure que Jésus est mort sur la croix. Il a sauvé ainsi tous les hommes et toutes les femmes, peu importe leur nationalité ou leur religion. Les chrétiens prient aussi pour ceux et celles qui ne connaissent pas Dieu.

Rencontre de représentants des religions du monde à Assise, organisée par Jean-Paul II.

Un jeune juif se rend à la synagogue pour prier le … « Béni-soit-il ». (Les juifs ne nomment pas Dieu.)

Une jeune hindoue en prière. Sur son autel, une statue de Ganesh, le dieu à la tête d'éléphant.

Une jeune musulmane se prépare à prier Allah. Elle a orienté son tapis de prière en direction de La Mecque, la plus importante ville sainte de l'islam.

Un jeune bouddhiste se prosterne devant la statue du Bouddha.

Aide-mémoire

Prochaine rencontre

Date : ______________________

Heure : ______________________

Je dois apporter : ______________________

____

____

Découvre une prière du Vendredi saint dans ton carnet de voyage. Page **106**

RENCONTRE 2 Le Seigneur de la Vie accepte d'entrer dans la mort

Jésus appelle Lazare à sortir de la mort! Malheureusement, ce geste lui met à dos une fois pour toutes les chefs religieux. Ceux-ci décident de se débarrasser de lui. Jésus s'approche de plus en plus du mont des Oliviers.

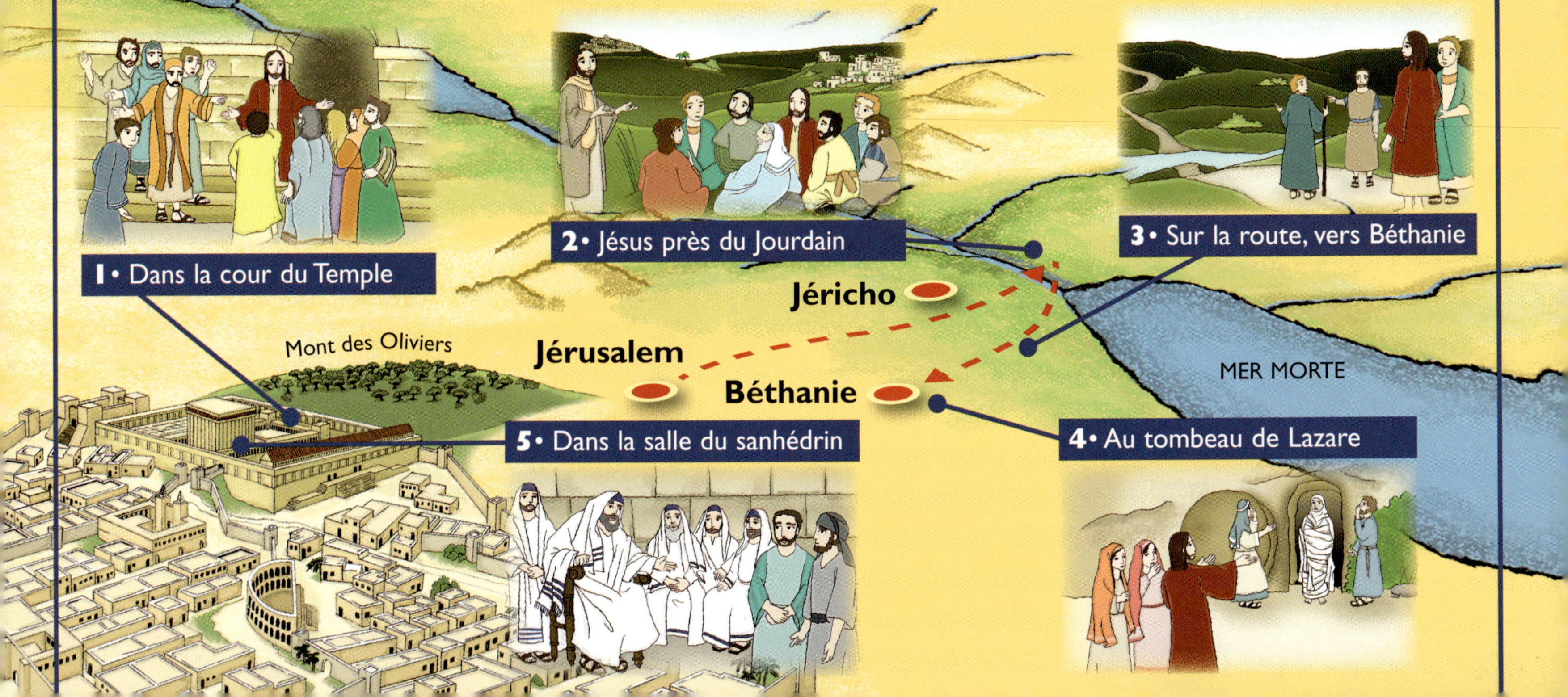

Des Juifs, proches des autorités religieuses, veulent faire mourir Jésus. Ils savent qu'il est à Jérusalem. Ils viennent le trouver dans la cour du Temple, sous la colonnade. Ils l'interrogent. Les réponses de Jésus à leurs questions les mettent en colère. Ils veulent même le tuer tout de suite en lui lançant des pierres.

Jésus parvient à leur échapper. Il doit fuir loin de Jérusalem, de l'autre côté du Jourdain.

Feuillet biblique **Jn** **10, 23-40 ; 11, 1-53**

RENCONTRE 2 Le Seigneur de la Vie accepte d'entrer dans la mort

Lazare et ses sœurs, Marthe et Marie, habitaient Béthanie. Ils étaient de grands amis de Jésus. Celui-ci aimait bien s'arrêter chez eux parfois. Un jour, Lazare tomba malade. Ses sœurs envoyèrent un messager prévenir Jésus.

Jésus ne se rendit pas tout de suite chez Lazare et ses sœurs. Il resta même deux jours de plus là où il était. Puis, il décida de se rendre chez ses amis, à Béthanie.

Souvenir de ton parcours
Mène-nous vers Jérusalem

Jésus a redonné la vue à Bartimée.

RENCONTRE 2 Le Seigneur de la Vie accepte d'entrer dans la mort

Jésus arriva à Béthanie. Il se rendit au tombeau de Lazare, une grotte fermée par une grosse pierre.

Jésus, ce jour-là, fit un geste qui étonna tout le monde. Il demanda à Dieu, son Père, de ramener son ami Lazare à la vie.

Parmi les personnes qui assistèrent à ce signe prodigieux, certaines venaient de Jérusalem. Elles y retournèrent en vitesse et s'empressèrent de raconter aux chefs religieux ce qu'elles venaient de voir.

À Jérusalem, les chefs des prêtres et les pharisiens se réunirent dans la salle du sanhédrin. Cette salle était attenante à la cour intérieure du Temple. Là, ils eurent une grande discussion.

RENCONTRE 2 Le Seigneur de la Vie accepte d'entrer dans la mort

Jésus souffrant et Christ ressuscité

Les chefs religieux firent arrêter Jésus. Puis, ils l'amenèrent devant Pilate, le gouverneur romain. Ils lui dirent que Jésus méritait la mort. Ils crièrent: « Cloue-le à une croix! Crucifie-le! » Pilate leur dit: « Je ne vois pas pourquoi je le condamnerais d'après la loi romaine. » Mais les chefs religieux lui répondirent: « Il prétend qu'il est le Fils de Dieu. Il doit mourir. C'est très mal de dire cela. C'est contre notre croyance, contre notre loi religieuse. » Puis, il crièrent encore plus fort: « À mort! »

Alors, comme Pilate craignait que les choses tournent mal s'il ne mettait pas fin au tumulte, il décida de faire crucifier Jésus.

Associe les deux phrases (1 et 2) de l'évangéliste Jean à l'une ou l'autre des croix (page 99).
Fais de même avec les affirmations du *Credo* (3 et 4).

1 **« Alors, Jésus baissa la tête et mourut. »** (Jean 19, 30)

2 **« Quand j'aurai été élevé de terre, j'attirerai à moi tous les humains. »** (Jean 12, 32)

3 **« Je crois... Jésus Christ a été crucifié, est mort... »**

4 **« Je crois... Jésus Christ est ressuscité des morts, est monté aux cieux... »**

Croix traditionnelle

Christ en gloire

Aide-mémoire

Prochaine rencontre

Date:

Heure:

Je dois apporter:

Pour dire ta foi en Jésus ressuscité, consulte ton carnet de voyage. **Page 107**

RENCONTRE 3 Le Seigneur de la Vie appelle à sortir de la mort

En approchant de Béthanie, Jésus apprit que Lazare avait été mis au tombeau quatre jours auparavant. Des amis de Marthe et Marie, les sœurs de Lazare, étaient venus les consoler de la mort de leur frère.

Quand Marthe apprit que Jésus approchait, elle alla à sa rencontre, pleine d'espoir. Les paroles de Jésus lui firent grand bien.

Feuillet biblique Jn 11, 1-53

Tu ne m'apprends rien. Je sais qu'il va ressusciter au dernier jour !
Je suis la Résurrection et la Vie. Celui qui croit en moi vivra, même s'il meurt ; et celui qui vit et croit en moi ne mourra jamais.
Crois-tu cela ?
Oui, Seigneur, je crois que tu es le Messie, le Fils de Dieu, celui qui devait venir dans le monde.

RENCONTRE 3 Le Seigneur de la Vie appelle à sortir de la mort

Après avoir parlé avec Jésus, Marthe retourna à la maison. Elle dit à sa sœur, Marie : « Le maître est là et il te demande de venir. » Marie courut vers Jésus en pleurant, car elle avait beaucoup de peine d'avoir perdu son frère. Jésus, voyant Marie pleurer, fut ému. Il se mit lui aussi à pleurer.

Jésus se rendit au tombeau de Lazare. Il fit enlever la pierre qui en fermait l'entrée. Il leva les yeux au ciel et dit : « Père, je te remercie de m'avoir écouté. » Puis, il regarda en direction du tombeau et cria : « Lazare, sors de là ! »

Lazare se releva et sortit du tombeau.

Certaines personnes qui étaient sur les lieux dirent : « Le Dieu Vivant est avec Jésus. Son amour est plus fort que la mort. » D'autres disaient : « Ça, c'est trop pour nous ! »

Rites chrétiens

Quand une personne baptisée meurt, on organise habituellement une célébration de funérailles à l'église. Cette célébration se termine par le rite du dernier adieu.

Le prêtre, ou la personne qui le remplace, invite ensuite tout le monde à se recueillir en silence pour penser à la personne défunte et à Dieu qui l'accueille dans son royaume.

Après avoir chanté avec l'assemblée, le prêtre asperge le cercueil ou l'urne funéraire avec de l'eau bénite. Ce geste rappelle que cette personne a été baptisée et que, par son baptême, elle a reçu la promesse de ressusciter. Puis, le prêtre encense le cercueil ou l'urne. L'encens qui monte en fumée rappelle que nos prières montent vers le Père qui nous écoute comme il a écouté la prière de son Fils Jésus avant qu'il fasse sortir Lazare du tombeau.

Encensoir

Eau bénite

Urne funéraire

Aide-mémoire

Prochaine rencontre

Date :

Heure :

Je dois apporter :

Consulte ton recueil de prières. Page **107**

Les royaumes du Nord et du Sud

Quand le grand roi David mourut, Salomon lui succéda. David avait été un roi guerrier ; son successeur fut au contraire très pacifique. Il fit construire le Temple de Jérusalem, la maison de Dieu, et il entreprit aussi d'immenses travaux dans le royaume.

Tous ces travaux coûtaient cher et, peu à peu, le peuple devint mécontent, car les impôts étaient très élevés. La révolte se mit à gronder. Le pays fut alors divisé en deux : le royaume du Nord et celui du Sud.

Le royaume du Nord, ou royaume d'Israël, eut d'abord pour capitale Sichem, puis Tirsa et enfin Samarie. Le royaume du Sud, ou royaume de Juda, conserva Jérusalem pour capitale.

Au début, les deux royaumes, après la division du pays, ne s'entendaient pas très bien. Puis, petit à petit, les choses s'arrangèrent.

Élie et Élisée sont les prophètes les plus connus du royaume du Nord. Après eux, vinrent Amos et Osée. Le royaume du Sud a connu lui aussi de très grands prophètes comme Isaïe et Michée.

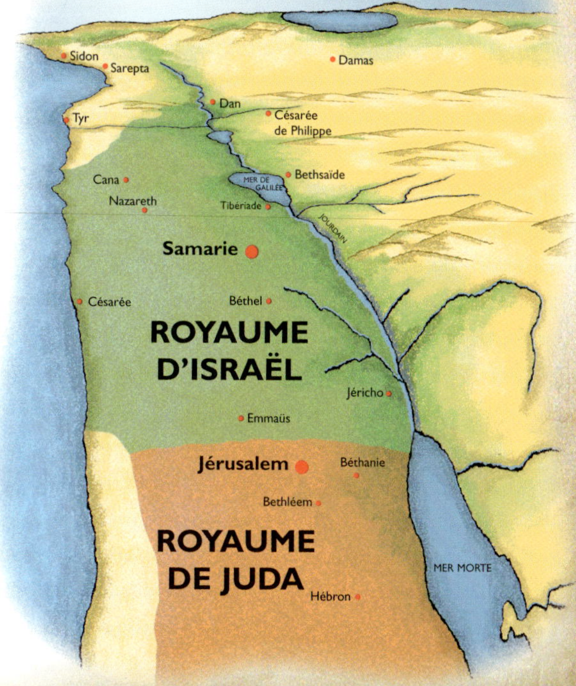

Chrétiens de bien des façons

Les chrétiens forment une très grande famille, présente partout dans le monde. Et, comme dans toutes les familles, il y a eu, et il y a encore parfois, des chicanes et des disputes. Des séparations sont aussi survenues. C'est ainsi que, deux mille ans après Jésus, il y a plusieurs façons d'être chrétien. Certains, par exemple, sont catholiques ; d'autres, protestants ; d'autres encore sont orthodoxes. Tous ces chrétiens croient en Jésus ressuscité, mais ils ont des façons différentes de comprendre leur foi et de la vivre.

Depuis quarante ans environ, les chrétiens de toutes traditions essaient de se rapprocher les uns des autres. Ce mouvement de rapprochement s'appelle l'œcuménisme. Pour mieux se connaître et se comprendre, il n'y a rien de mieux en effet que de se parler et de s'écouter.

Souvent portée par les femmes, la croix huguenote se prolonge d'une colombe, qui représente l'Esprit saint descendant sur les croyants.

CARNET DE VOYAGE

Je crois, Seigneur, tu es Source de Vie !

Prions pour les juifs à qui Dieu a parlé en premier : qu'ils soient fidèles à son Alliance et bénissent toujours son Nom.
(Silence)

Dieu vivant, tu as choisi Abraham et sa descendance pour en faire les fils de ta Promesse, le premier peuple de l'Alliance. Donne à eux aussi ce que tu nous promets dans la Bonne Nouvelle de ton Fils : la vie en abondance. Amen.

Je crois, Seigneur, tu remplis l'Univers !

Prions pour celles et ceux qui ne croient pas en Jésus Christ, demandons à l'Esprit saint de mettre de la lumière dans leur cœur pour qu'ils trouvent la route qui mène à ta Parole de vie.
(Silence)

Seigneur, donne à celles et ceux qui ne croient pas au Christ de garder leur cœur ouvert pour trouver le chemin que tu as tracé. Et donne-nous de mieux nous aimer les uns les autres, pour être dans le monde de meilleurs témoins de ton amour. Amen.

Je crois, Seigneur, ton amour est présent !

Prions pour celles et ceux qui n'ont pas rencontré Dieu : demandons qu'en suivant le chemin de leur cœur, ils découvrent qu'ils sont attendus par lui.
(Silence)

Seigneur, tu as fait le cœur humain pour qu'il te cherche et puisse te trouver. Donne aux hommes et aux femmes qui ne te connaissent pas encore d'écouter leur voix intérieure et de reconnaître que tu es tout proche d'eux pour leur apporter le bonheur. Amen.

Tu es notre résurrection et notre vie

Prière de la deuxième rencontre

Seigneur Jésus, nous croyons que c'est toi le Messie.
Nous croyons que tu as reçu de ton Père le pouvoir de nous donner la vie éternelle.
Nous croyons que ton Père et toi, vous êtes un seul Dieu.
Nous espérons qu'un jour la gloire du Dieu Vivant sera pleinement manifestée.
Dieu, notre Père, nous te remercions de nous écouter comme tu as écouté ton Fils, Jésus.
Seigneur Jésus, nous te remercions d'avoir donné ta vie par amour pour manifester que ton Père est la Source de la Vie pour chacun de nous. Amen.

Prière de la troisième rencontre

Seigneur Jésus, tes disciples ne voulaient pas que tu retournes à Jérusalem à cause de ceux qui voulaient te tuer. Mais l'amour de ton cœur était plus fort que la peur de mourir. Nous te disons :

Tu es notre résurrection et notre vie.

Seigneur Jésus, tu as dit à Marthe : « Je suis la Résurrection et la Vie. Crois-tu cela ? » Et elle a dit oui. Nous aussi, nous te disons :

Tu es notre résurrection et notre vie.

Seigneur Jésus, quand tu as senti la grande tristesse de Marie, tu t'es mis à pleurer. Parce que nous croyons que tu es avec nous quand nous sommes tristes, nous te disons :

Tu es notre résurrection et notre vie.

Seigneur Jésus, avant de faire sortir Lazare du tombeau, tu as prié ton Père qui t'a écouté. Parce que nous croyons que tu pries ton Père de nous ressusciter tous, nous te disons :

Tu es notre résurrection et notre vie.

ÉTAPE 5 L'Esprit de Dieu remplit l'Univers

Avec Jésus, vous approchez de votre destination. Au cours de cette cinquième et dernière étape, vous l'accompagnerez jusqu'à son Ascension, sur le mont des Oliviers. Vous assisterez ensuite à la réalisation de sa promesse de leur envoyer l'Esprit saint. Bonne fin de route jusqu'au mont des Oliviers !

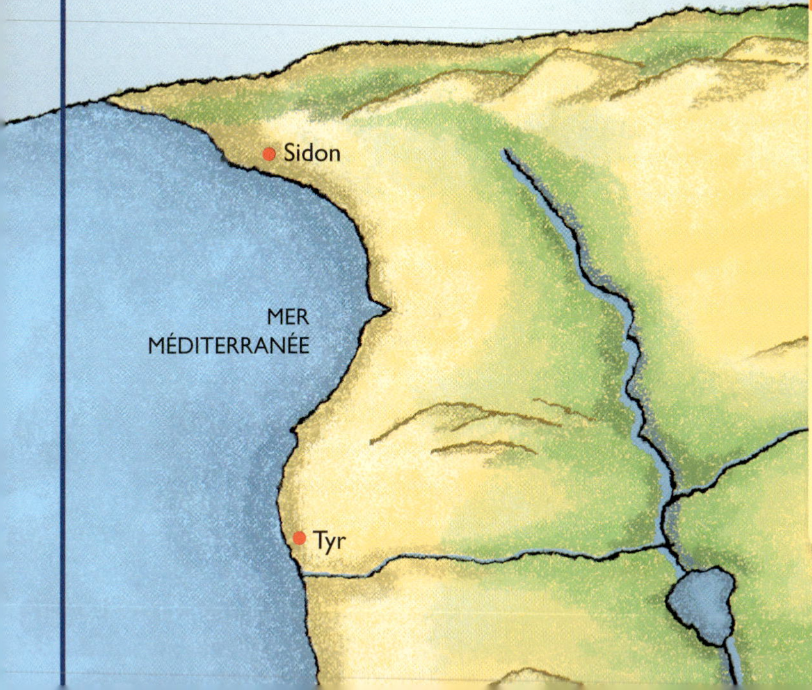

RENCONTRE 3

Une fête pour célébrer la fin de l'année en catéchèse.

Page 125

RENCONTRE 1

Page 110

Les cieux s'ouvrent pour y faire entrer Jésus, comme Élie avant lui.

RENCONTRE 2

Jésus, fidèle à sa promesse, envoie l'Esprit saint sur les apôtres.

Page 119

RENCONTRE 1 Les cieux s'ouvrent pour y faire entrer Élie et Jésus

L'enlèvement d'Élie

Tu te souviens d'Élisée, le prophète qui a guéri Naamân ? Élisée était un disciple d'Élie, un autre grand homme de Dieu. Voici comment, un jour, Dieu enleva Élie au Ciel dans un tourbillon de vent.

Quand Élie décida de quitter Guilgal pour se rendre à Béthel, Élisée décida de l'accompagner. Il se doutait de ce qui allait arriver à son maître et il ne voulait pas se séparer de lui.

Comme tu le découvriras, les choses se passèrent de la même façon à Jéricho et au Jourdain.

Feuillet biblique 2R 2, 1-15

Pour en savoir plus sur Élie et les prophètes, consulte ton guide de voyage. Page 130

Reste ici ! Moi, je vais à Jéricho.
Non ! Je continue avec toi.
Béthel
Guilgal
Non ! Je continue avec toi.
Reste ici ! Moi, je vais au Jourdain.
Maintenant, dis-moi ce que tu veux que je fasse pour toi, avant que je sois enlevé.
Jéricho
Jourdain
Comme je vais prendre ta place, je veux recevoir en héritage une double portion de ton esprit prophétique.

RENCONTRE 1 Les cieux s'ouvrent pour y faire entrer Élie et Jésus

En marchant, Élie dit à Élisée: « Tu recevras double portion de mon esprit de prophète si tu me vois m'envoler au ciel. » Il avait à peine fini sa phrase que, soudain, un char et des chevaux de feu passèrent entre Élie et Élisée. Élie fut emporté au ciel dans une tempête de vent. En quelques secondes, il avait disparu. Seul son manteau voletait dans l'air. Élisée le ramassa. Il était tout triste d'avoir perdu son maître.

Pour mieux comprendre ce que veut dire « Chars et cavaliers d'Israël! », voir le glossaire du Feuillet biblique, page 3

2 R 2, 1-15

Élisée retourna au bord du Jourdain. Il frappa vigoureusement les eaux du fleuve avec le manteau d'Élie qu'il avait ramassé. En même temps qu'il frappait l'eau, il dit : « Où est le Seigneur, le Dieu d'Élie ? Oui ! Où est-il ? »

Alors, l'eau s'ouvrit en deux et Élisée traversa le Jourdain.

Des gens virent Élisée traverser le fleuve sans se mouiller. Étonnés par ce prodige, ils répandirent la nouvelle dans tout le pays que l'esprit d'Élie s'était déposé sur le prophète Élisée.

RENCONTRE 1 Les cieux s'ouvrent pour y faire entrer Élie et Jésus

Jésus, longtemps après le prophète Élie, fut enlevé, lui aussi, vers le ciel sous les yeux de ses disciples. Cela se passa au mont des Oliviers.

L'Ascension de Jésus

Le soir du troisième jour après la mort de Jésus, onze apôtres et d'autres disciples, hommes et femmes, sont réunis dans une maison à Jérusalem. Ils discutent de la nouvelle que certains d'entre eux ont rapportée : Jésus est ressuscité !

Les femmes et les disciples d'Emmaüs affirment qu'ils n'ont pas rêvé. Ils ne convainquent cependant pas tout le monde. Certains hésitent vraiment à les croire.

Feuillet biblique **Ac** 1, 2-14; **Lc** 24, 50-53

Souvenir de ton parcours
Mène-nous vers Jérusalem

Après avoir pris son dernier repas avec ses disciples, Jésus s'est rendu au mont des Oliviers. C'est là qu'il a été arrêté.

Tout à coup, Jésus est là, au milieu d'eux. Il leur parle et ils l'entendent. Certains ont soudain très peur ; ils pensent que leurs yeux et leurs oreilles leur jouent des tours. D'autres sont terrorisés ; ils croient que c'est un fantôme qui leur apparaît. « Cela ne se peut pas ! », pensent-ils. « C'est impossible. » D'autres enfin n'osent pas dire tout haut ce qu'ils pensent dans leur tête et dans leur cœur : « C'est trop beau pour être vrai. Ce serait merveilleux si c'était vraiment Jésus qui était là, devant nous ! »

RENCONTRE 1 Les cieux s'ouvrent pour y faire entrer Élie et Jésus

Jésus demande à manger à ses amis. Ils lui offrent un morceau de poisson grillé. Jésus mange, là, devant eux ! Ils n'ont pas d'autre choix que de croire qu'il est vivant.

Après avoir mangé, Jésus confie une mission à ses disciples et amis. Ce ne sera sans doute pas facile d'annoncer la Bonne Nouvelle dont il leur parle. Certains se demandent s'ils en auront la force et le courage. Jésus leur fait alors une promesse : « Je vous enverrai l'Esprit saint qui vous remplira de force pour cette mission. »

Une représentation de l'Ascension de Jésus

Jésus invite ensuite ses disciples et amis à le suivre. Ceux-ci le suivent jusqu'au mont des Oliviers, près de Béthanie.

Jésus se tourne vers eux, lève les mains vers le ciel et les bénit. Puis, sous leurs yeux ébahis, Jésus est enlevé vers le ciel. Ses disciples n'en reviennent pas. Ils fixent le ciel, mais Jésus a disparu derrière une nuée lumineuse.

Soudain, deux hommes vêtus de blanc sortent de nulle part. Ils disent aux disciples : « Gens de Galilée, pourquoi restez-vous plantés là à scruter le ciel ? Ce Jésus, qui a été enlevé au ciel du milieu de vous, viendra de la même manière que vous l'avez vu aller au ciel. »

L'Ascension, par Gilberte Massicotte-Éthier.
[www.massicotte-ethier.ca/]

RENCONTRE 1 Les cieux s'ouvrent pour y faire entrer Élie et Jésus

Les disciples, tout joyeux, retournent à Jérusalem. Les femmes dansent : c'est là leur façon de montrer leur joie. Tout le monde chante des alléluias : Jésus est vivant !

Aide-mémoire

Prochaine rencontre

Date : ____________________

Heure : ____________________

Je dois apporter : ____________________

Si tu désires, toi aussi, exprimer ta joie, consulte ton carnet de voyage.

Page 132

RENCONTRE 2 Du souffle pour le groupe, du feu pour chacun

Après l'Ascension de Jésus ressuscité, ses disciples auront encore une fois une bonne raison d'être étonnés.

La Pentecôte

Pierre et les autres apôtres, de retour à Jérusalem, se retrouvaient dans la salle où ils avaient l'habitude de se réunir. Marie, la mère de Jésus, était là ainsi que d'autres disciples. Ils priaient. Même s'ils pensaient encore à la Passion et à la mort de Jésus, ils se rappelaient surtout sa Résurrection et son Ascension.

Le jour de la Pentecôte arriva. À l'occasion de cette grande fête, des juifs de partout montaient à Jérusalem pour la célébrer. Les apôtres, les disciples et la mère de Jésus étaient réunis.

Feuillet biblique **Ac 1, 13-15; 2, 1-14.22-24**

RENCONTRE 2 Du souffle pour le groupe, du feu pour chacun

Soudain, un grand bruit vint du ciel. Un vent violent se mit à souffler dans la salle où les apôtres, les disciples et la mère de Jésus étaient rassemblés. Puis, ils virent apparaître un groupe de flammes. Celles-ci se séparèrent en langues de feu et se posèrent au-dessus de chacun d'eux.

Au même moment, tous furent remplis de l'Esprit saint. Ils se sentirent pleins de courage tout à coup, eux qui vivaient dans la peur depuis que Jésus les avait quittés. Une grande force les envahissait. Ils ressentaient subitement le goût d'accomplir la mission que Jésus leur avait confiée. Sa Bonne Nouvelle, ils étaient bien décidés à l'annoncer à tout le monde!

Vite, dehors! Les apôtres sortirent de la salle où ils étaient réunis. Comme c'était jour de fête, il y avait évidemment plein de gens dans les rues. Alors, Pierre, les apôtres et les disciples s'adressèrent à eux. À leur grande surprise, les apôtres se mirent à parler dans différentes langues, celles de leurs auditeurs qui venaient d'un peu partout. Eux aussi étaient fort étonnés que les apôtres parlent en autant de langues.

Pierre prit la parole: « Jésus de Nazareth, cria-t-il pour se faire entendre au-dessus du brouhaha de la rue, est mort sur une croix, mais Dieu l'a ressuscité. Il est le Seigneur, notre Messie. Nous, ses disciples, nous en sommes tous témoins! »

Pour découvrir les principales langues dans lesquelles les disciples se sont adressés à la foule, consulte ton guide de voyage.

Page 131

RENCONTRE 2 Du souffle pour le groupe, du feu pour chacun

Rites chrétiens

La confirmation

Le sacrement de la confirmation est une Pentecôte pour les disciples d'aujourd'hui. Eux aussi, comme les disciples de Jésus, sont appelés à annoncer la Bonne Nouvelle de sa mort et de sa Résurrection pour nous sauver.

Deux gestes sont particulièrement importants lors de la confirmation : l'imposition des mains et le signe sur le front avec le saint chrême.

Dans une célébration de confirmation de groupe, le geste d'imposition des mains est fait pour l'ensemble des confirmands : tous sont concernés en même temps.

Puis, l'évêque marque le front de chacun et chacune avec le saint chrême en posant la main sur la tête. Chacune et chacun sont concernés individuellement quand l'évêque leur dit: « Sois marqué(e) de l'Esprit Saint, le don de Dieu. »

Et chaque confirmé(é) répond: « Amen. »

RENCONTRE 2 Du souffle pour le groupe, du feu pour chacun

Rites chrétiens

Un vitrail pour affirmer sa foi

L'Esprit saint nous remplit de la Bonne Nouvelle. À nous de la porter par notre souffle aux quatre coins de la terre.

Le jour de votre Pentecôte, avant d'être confirmés, vous serez invités à faire une profession de foi.

Aide-mémoire

Prochaine rencontre

Date: ______

Heure: ______

Je dois apporter: ______

Retrouve les mots de la profession de foi dans ton carnet de voyage. Page 133

RENCONTRE 3 L'Esprit ravive notre mémoire

Fête de fin d'année en catéchèse

C'est déjà la fin de votre montée avec Jésus vers le mont des Oliviers. Une année de catéchèse se termine. Il faut fêter ça! Justin, Antoine, Karen, Félix et Gabrielle ont décidé d'exposer des illustrations de récits bibliques dont ils veulent se souvenir. Leur animatrice a conçu un grand jeu auquel tous et toutes participeront. Il y a de la fête dans l'air.

RENCONTRE 3 L'Esprit ravive notre mémoire

ÉTAPE 1 La lèpre qui guette le cœur

Un **Coeur** ouvert, prêt à agir et plein de reconnaissance envers Dieu qui **donne** **généreusement** la vie.

ÉTAPE 2 Partager la joie du berger

L'inquiétude est transformée en **joie**. Cette joie vient d'un **berger** descendu sur terre pour nous sauver.

ÉTAPE 3 L'eau qui fait passer de la mort à la vie

Non, la violence, la **vieille vie**, n'aura pas le dessus ! Pourquoi ? Parce qu'une **vie nouvelle** nous est donnée, au baptême. Jésus est là pour calmer les tempêtes, apaiser les peurs de notre vieille vie et nous **pardonner**.

RENCONTRE 3 L'Esprit ravive notre mémoire

ÉTAPE 4 Dieu, force de vie pour tous

Une énigme. Il y a été question de vie, avec le grand V du **Dieu Vivant**.

Il y a été aussi question de **mort**, celle où Jésus a consenti à entrer pour nous aider à en sortir. Une énigme pleine de merveilles !

Difficile à imaginer ?
Un char et des chevaux de **feu**
pour Élie ; une nuée pour Jésus.
Un grand Souffle pour tous qui donne
un peu plus de **souffle**
à chacun et à chacune.

Élie et Élisée, deux prophètes

Comme tu le sais sans doute, un prophète ne lit pas nécessairement dans l'avenir. Ce n'est pas un tireur de cartes et il n'a pas de boule de cristal. Les prophètes de la Bible ont été, d'abord et avant tout, des hommes et des femmes qui ont parlé au nom de Dieu. Ils en ont été les porte-parole. Dieu leur parlait comme à un ami ; il leur faisait partager ses secrets. On les trouvait dérangeants. Comme on n'aimait pas entendre ce qu'ils avaient à dire au nom de Dieu, les prophètes étaient souvent persécutés ou chassés.

Élie, dont le nom signifie « Yahvé est Dieu », était un homme solitaire. Il a pris la parole pour affirmer haut et fort que le Dieu du peuple d'Israël était le seul vrai Dieu. Il a combattu ainsi ceux et celles qui, comme le roi Achab et la reine Jézabel, préféraient adorer le dieu Baal.

Élisée, dont le nom signifie « Dieu a aidé », était un disciple d'Élie. Il vivait avec d'autres prophètes comme lui. Il a remplacé le prophète Élie après que celui-ci fut enlevé au ciel sur un char de feu tiré par des chevaux de feu. Tu te souviens peut-être comment Élisée guérit le général Naamân ?

Les disciples, soudainement, sont capables de parler dans plusieurs langues.
Ils souhaitent la paix à ceux à qui ils s'adressent.

Hébreu	*CHALOM (prononciation)*	שלום
Arabe	*SALAM (prononciation)*	سلام
Grec	*irini (prononciation) — EIRHNH*	ειρηνη
Latin	*pax/pax sit (que la paix soit)*	PAX

CARNET DE VOYAGE

Psaume 46

Tous les peuples, applaudissez,
acclamez Dieu par vos cris de joie!
Il est le Seigneur, le Très-Haut,
le grand roi sur toute la terre.

Dieu s'élève parmi les acclamations,
le Seigneur monte au son du cor.
Jouez fort pour notre Dieu, chantez, criez!
Jouez fort pour notre roi, chantez, criez!

Dieu est le roi du monde entier,
que vos chants le proclament!
Dieu règne, sur toutes les nations,
Dieu est assis sur son trône divin.

Profession de foi

Croyez-vous, avez-vous confiance en l'Esprit saint
qui nous unit au Père, nous fait connaître Jésus
et nous rassemble dans l'amour ?

Nous croyons.

Croyez-vous, faites-vous confiance
à l'Église, la grande famille des enfants de Dieu ?

Nous croyons.

Croyez-vous à la promesse de Jésus de nous ressusciter
et de nous faire vivre pour toujours avec le Père ?

Nous croyons.

Un voyage en groupe

Il y a quelques mois, tu as entrepris un long voyage avec d'autres jeunes comme toi. Justin, Antoine, Karen, Félix et Gabrielle faisaient, eux aussi, partie du voyage. Il fallait être braves et courageux pour se mettre en route à la suite de Jésus vers le mont des Oliviers. Il y avait des obstacles sur le chemin et, tous ensemble, vous les avez surmontés.

En route avec Jésus, vous avez fait la connaissance de nombreux personnages de l'Ancien et du Nouveau Testament. Souvenez-vous de Naamân et du prophète Élisée ; de Noé ; du prophète Élie et de la veuve de Sarepta. Rappelez-vous les dix lépreux ; le bon berger ; les Mages ; Jean le Baptiste ; Marthe, Marie et Lazare, leur frère ; les apôtres et Marie, la mère de Jésus, le jour de la Pentecôte. Vous avez aussi découvert des rites chrétiens comme l'onction des malades, la célébration du pardon, celle des funérailles et de la confirmation.

Votre voyage s'achève… jusqu'au moment, peut-être, d'en entreprendre un autre, toujours avec Jésus pour guide.

Au revoir et à bientôt.

La foi qui mène à la prière

Symbole des apôtres (Credo)

Je crois en Dieu, le Père tout-puissant,
Créateur du ciel et de la terre.
Et en Jésus Christ, son Fils unique, notre Seigneur ;
qui a été conçu du Saint-Esprit,
est né de la Vierge Marie,
a souffert sous Ponce Pilate,
a été crucifié, est mort et a été enseveli,
est descendu aux enfers ;
le troisième jour est ressuscité des morts,
est monté aux cieux,
est assis à la droite de Dieu le Père tout-puissant,
d'où il viendra juger les vivants et les morts.
Je crois en l'Esprit saint,
à la sainte Église catholique,
à la communion des saints,
à la rémission des péchés,
à la résurrection de la chair, à la vie éternelle.
Amen.

Notre Père

Notre Père, qui es aux cieux,
que ton Nom soit sanctifié,
que ton Règne vienne,
que ta volonté soit faite, sur la terre comme au ciel.
Donne-nous aujourd'hui notre pain de ce jour,
pardonne-nous nos offenses,
comme nous pardonnons aussi à ceux qui nous ont offensés,
et ne nous soumets pas à la tentation,
mais délivre-nous du mal.

Je vous salue, Marie

Je vous salue, Marie pleine de grâces ;
le Seigneur est avec vous.
Vous êtes bénie entre toutes les femmes, et Jésus,
le fruit de vos entrailles, est béni.
Sainte Marie, Mère de Dieu,
priez pour nous pauvres pécheurs,
maintenant et à l'heure de notre mort.

Gloire au Père

Gloire au Père, au Fils, et au Saint-Esprit !
Comme il était au commencement, maintenant
et toujours et dans les siècles des siècles. Amen.

Prière de saint François d'Assise

Seigneur, fais de moi un instrument de ta paix,
Là où est la haine, que je mette l'amour.
Là où est l'offense, que je mette le pardon.
Là où est la discorde, que je mette l'union.
Là où est l'erreur, que je mette la vérité.
Là où est le doute, que je mette la foi.
Là où est le désespoir, que je mette l'espérance.
Là où sont les ténèbres, que je mette la lumière.
Là où est la tristesse, que je mette la joie.
Ô Seigneur, que je ne cherche pas tant à
être consolé qu'à consoler,
à être compris qu'à comprendre,
à être aimé qu'à aimer.
Car c'est en se donnant qu'on reçoit,
c'est en s'oubliant qu'on se retrouve,
c'est en pardonnant qu'on est pardonné,
c'est en mourant qu'on ressuscite à l'éternelle vie.

La foi qui mène à la prière

Magnificat

Mon âme exalte le Seigneur,
exulte mon esprit
en Dieu, mon Sauveur !
Il s'est penché
sur son humble servante ;
désormais, tous les âges
me diront bienheureuse.
Le Puissant fit pour moi des merveilles ;
Saint est son nom !
Son amour s'étend d'âge en âge
sur ceux qui le craignent.

Déployant la force de son bras,
il disperse les superbes.
Il renverse les puissants de leurs trônes,
il élève les humbles.
Il comble de bien les affamés,
renvoie les riches les mains vides.
Il relève Israël, son serviteur,
il se souvient de son amour,
de la promesse faite à nos pères,
en faveur d'Abraham et de sa race,
à jamais.

(Luc 1, 46-55)

Benedictus (Prière de Zacharie)

Béni soit le Seigneur, le Dieu d'Israël,
qui visite et rachète son peuple.
Il a fait surgir la force qui nous sauve
dans la maison de David, son serviteur,
comme il l'avait dit par la bouche des saints,
par ses prophètes, depuis les temps anciens :
salut qui nous arrache à l'ennemi,
à la main de tous nos oppresseurs,
amour qu'il montre envers nos pères,
mémoire de son alliance sainte,
serment juré à notre père Abraham
de nous rendre sans crainte,
afin que, délivrés de la main des ennemis,
nous le servions, dans la justice et la sainteté,
en sa présence, tout au long de nos jours.
Et toi, petit enfant
tu seras appelé prophète du Très-Haut :
tu marcheras devant, à la face du Seigneur,
et tu prépareras ses chemins
pour donner à son peuple
de connaître le salut
par la rémission de ses péchés,
grâce à la tendresse, à l'amour de notre Dieu,
quand nous visite l'astre d'en haut,
pour illuminer ceux qui habitent les ténèbres
et l'ombre de la mort,
pour conduire nos pas
au chemin de la paix.

(Luc 1, 67-78)

Table des matières

Souvenirs de mon année de catéchèse

Je colle ci-dessous, une ou deux photos qui me rappellent de bons moments de mon année de catéchèse.

Au revoir, mont des Oliviers

Justin Antoine

Gabrielle Félix

Karen

Je relate un ou deux événements de mon année de catéchèse dont je veux me souvenir particulièrement.

Routes de Paroles Enfance.
Mène-nous vers le mont des Oliviers
est publié par Novalis.

Conception et rédaction :
Rémi Bourdon, prêtre diocésain
Diocèse de Saint-Jean-Longueuil

Équipe de collaboration à la rédaction :
Hélène Roy Brien, Lisette Simard Côté et Lyne Groulx

Rédaction de textes sur la vie des saints :
Jean-Pierre Camerlain

Relecture critique et suggestions sur les aspects bibliques : Francine Robert, professeure en études bibliques à l'Institut de pastorale des Dominicains

Relecture théologique et pastorale :
† Jacques Berthelet, c.s.v., évêque de Saint-Jean-Longueuil, accompagnateur pour l'AÉCQ

Collaboration : Office de catéchèse du Québec

Adjoint à l'édition : Pierre Guénette

Conception graphique : Robert Paquet

Illustrations : Sara Paquet

Révision : Sylvie Marcoux

4475, rue Frontenac, Montréal (Québec) H2H 2S2

C.P. 990, succursale Delorimier, Montréal (Québec)
H2H 2T1

Dépôts légaux : 3e trimestre 2007

Bibliothèque nationale du Québec
Bibliothèque nationale du Canada

ISBN : 978-2-89507-929-3

Imprimé au Canada

NOVALIS

Nous reconnaissons l'aide financière du gouvernement du Canada par l'entremise du Programme d'aide au développement de l'industrie de l'édition (PADIÉ) pour nos activités d'édition.

Nous remercions l'Ordre des Chevaliers de Colomb pour son soutien au chantier *Passages*.